大数据时代供应链竞争情报方信息源选择研究

朱礼龙 著

合肥工业大学出版社

前　言

近年来，随着网络和信息技术的发展，新兴的供应链管理形态，如零售业主导型供应链、原始资源商主导型供应链、双核心企业供应链、物流商主导型供应链、网络直销型供应链等不断涌现。供应链信息源的拓展、信息服务与协调调度的复杂化、信息共享程度的加深、全链路的信息整合与决策指挥控制能力等在深入发展和提升，供应链管理已由只注重企业内部信息管理的模式转向了供应链系统集成化管理的模式。供应链合作伙伴间无缝化的信息交流，改善了上下游供应链关系，整合和优化了供应链系统共享的商流、物流、资金流和信息流，使各参与方在订单处理、生产计划、存货管理、仓储物流、配送运输、资金筹措与使用等多方面受益。在供应链中扮演关键角色的信息流是通过一种开放的信息网络系统在节点企业之间进行流动的，无论是企业内部的生产、销售订单，合作企业的生产进度，还是企业间的资金转帐、招投标信息，无一不是需要高度保密的敏感信息，这些信息的准确性、机密性将直接影响到企业的生产和经营决策，甚至影响整个供应链的竞争力。然而，当供应链成员通过开放的互联网来实现远程交互访问、进行信息共享时，这种开放的网络系统给流动的信息带来了很多安全隐患。根据安永2021年9月发布的《2021安永全球信息安全调查报告(GISS)》，约三分之二(67%)的中国公司表示诸如勒索软件等破坏性网络攻击的数量在过去12个月中有所增加，近一半的受访者(45%)比以往任何时候都更担心公司是否能够应对网络威胁，这一数据与全球平均数值(43%)相近，超过四分之三的中国受访企业(75%)不确定其网络安全防御体系是否足以应对黑客的攻击。此外，约五分之二(40%)的中国企业预计将遭受重大网络安全事件。随着一系列新技术的崛起，人工智能、物联网、RPA/IPA、区块链、大数据分析、云以及增强现实/虚拟现实等技术正进一步颠覆全球商业格局。企业除了需要应对网络安全挑战，必须及时了解严格的监管层面新的法律法规，如2017年6月生效的《中国网络安全法》，2021年9月生效的《中华人民共和国数据安全法》以及2021年11月生效的《中华人民共和国个人信息保护法》。企业需要确保严格遵守信息安全规则，了解不合规可能造成的风险及损失。据普华永道在其2017年的全球信息安全状况调查中指出，内地与香港的企业在网络安全方面的平均投入比全球数值高出近四分之一(23.5%)，即每家企业平均预算达630万美元。72%的内地与香港受访企业对物联网安全战略已有积极回应，这一数值高于全球水平(67%)。根据调查反馈，内地与香港有46%受访者表示客户数据泄露是最直接影响，财务损失(38%)和商业邮件入侵(36%)紧随其后。企业继续发展云技术，IT、运营、财务和市场/销售等功能将迁移至云端。同一云服务供应商往往为多个大企业共享，这会增加系统故障的可能性。因此，参与合作的供应链各成员有必要高度重视信息安全问题，避免或减少敏感信息的泄密。

本研究全面梳理了供应链系统信息安全问题；比较分析了大数据时代供应链竞争情报方信息源定位方法，并就供应链信息源定位方法与竞争情报方信息源选择进行了关联分析；开展了大数据时代供应链信息源搜集者——竞争情报方的研究，对供应链信息源选择能力进行了评估；以2010年以来发生的重大信息安全事件为研究样本，梳理了重大信息安全事件背景下竞争情报方信息源选择的经验做法；分析了大数据时代竞争情报方供应链信息源选择面临的新问题、影响因素及其作用机理，构建了大数据时代竞争情报方供应链信息源选择的理论体系，并进行了比较；探究了大数据时代竞争情报方供应链信息源选择的新方法，就供应链信息源选择方法的融合作了进一步的探讨；设计了面向大数据时代信息源选择的供应链节点企业反竞争情报工作体系，反击竞争情报方的信息源选择工作，保护供应链系统的信息安全。上述研究对大数据时代供应链竞争情报方信息源选择理论与方法的探索，有助于推进供应链风险管理和竞争情报管理的有机融合。通过大数据时代竞争情报方供应链信息源选择的反制措施设计，有效管控供应链各类信息源泄密风险，提高供应链系统反竞争情报工作水平。

本书分为七章：第一章，供应链系统信息安全问题研究。本章选择从供应链反竞争情报技术系统视角出发，站在竞争对手的立场上审视供应链信息安全系统可能发挥的作用，供应链信息安全系统存在的安全薄弱点，进而研究供应链系统情报为何泄密、如何泄密、怎样泄密的内在机理。第二章，大数据时代供应链信息源定位研究。本章从供应链信息源的表现形式、性质、特征，供应链信息源呈现出的新发展、新变化，供应链信息源选择面临的新情况、新问题以及供应链信息源的泄密机理等方面对大数据时代供应链信息源进行了概述；从掌握供应链系统信息安全的薄弱环节，及时获取供应链系统的重要信息，把握供应链系统的整体战略布局，了解供应链系统的具体业务流程等四个方面阐述了大数据时代供应链信息源定位工作的重要性；对现有大数据时代供应链信息源定位的基于网络传播快照的信息源定位方法、基于观察点的信息源定位方法、基于部分传播路径的信息源定位方法，以及基于主题的信息源定位方法等四种方法进行了较为深入的比较分析，理清了各自的优缺点；开展了供应链信息源定位方法与竞争情报方信息源选择的关联分析，明确了竞争情报方在选择上述四种信息源定位方法的具体条件，为供应链信息源定位方法的选择提供了理论上的指导。第三章，大数据时代供应链信息源搜集者——竞争情报方研究。本章首先从大数据时代供应链的竞争情报方、竞争情报方信息价值的主观认识以及竞争情报方信息价值的识别能力等三方面对大数据时代供应链信息源搜集者——竞争情报方进行了概述；开展了大数据时代供应链竞争情报方的合作博弈分析；围绕供应链信息源本身、竞争情报方信息源价值识别、竞争情报方的任务类型与特征以及外部环境等四个方面构建了供应链竞争情报方信息源选择能力系统，并对某一特定供应链竞争情报方的信息源选择能力进行了评价。第四章，重大信息安全事件背景下竞争情报方供应链信息源选择的经验梳理。本章以 2010 年以来发生的重大供应链信息安全事件为研究对象，分析竞争情报方信息源选择的主要方式，探讨了重大供应链信息安全事件给供应链当事方造成的危害，梳理供应链系统应对竞争情报方信息源选择的反制措施及其成效，给出了供应链信息源泄密的防范建议，得出了重大供应链信息安全事件背景下供应链系统防范信息源泄密的启示。第五章，大数据时代竞争情报方供应链信息源选择的理论体系构建。本章系统介绍了大数据时代供应链竞争情报方信息源选择的概念体系；分析了供应链信息源选择中出现的一些新问题，如竞争情报方的信息素养和认知结构受到挑战、供应链新的信息源与传统信息源的整合分析成为必然、竞争情报方信息源搜寻的信息主体正不断扩展、竞争情报方信息源选择的影响变量及各变量之间的关系发生变化以及竞争情报方的社会属性正日益影响供应链信息源的选择等等，分析了上述问题产生的原因进而提出破解之道；探讨了大数据时代供应链竞争情报方信息源选择的影响因素及作用机理；比较了大数据时代供应链竞争情报方信息源选择的四个主要理论研究视角，并探讨了大数据时代供应链竞争情报方信息源选择理论研究演进的主要趋势。第六章，大数据时代竞争情报方供应链信息源选择的方法体系研制。本章系统介绍了大数据时代供应链竞争情报方信息源选择的两种方法，即供应链网络集成化信息系统信息源选择方法和供应链人际情报网络信息源选择方法。在梳理供应链网络集成化信息系统信息源和人际情报网络信息源的概念、类型和特点的基础上，分析了基于决策关键信息挖掘的供应链集成化信息系统的信息源选择流程和具体步骤以及基于决策关键信息挖掘的供应链人际情报网络的信息源选择流程和具体步骤，后者更侧重于从社会资本视角进行研究。最后，就两种信息源选择方法的融合进行了探讨，分析了两类信息源选择方法融合的必要性与可行性，探讨了两类信息源选择方法融合的可能路径。第七章，面向信息源选择的供应链节点企业反竞争情报工作体系设计。本章设计了面向信息源选择的供应链节点企业反竞争情报工作体系，该体系涉及供应链节点企业的信息安全分析系统、反竞争情报策略制定系统、反竞争情报策略实施系统以及反竞争情报要素控制系统等四个子系统。其中，供应链节点企业企业信息安全分析系统涉及秘密信息确定、信息安全威胁分析、信息安全隐患分析和信息安全风险评估等；反竞争情报策略制定系统包括制订针对企业内部泄密、第三方渠道泄密、公开出版物泄密、信息技术泄密和不道德途径泄密等泄密渠道的应对策略；反竞争情报策略实施系统涉及监测竞争对手、防御竞争对手和反击竞争对手等三方面；反竞争情报要素控制系统涉及对数据、对信息自身、信息过程、人和信息系统等全要素的控制。

本书得到了安徽省哲学社会科学规划一般项目(国家社科基金孵化项目)“大数据时代供应链竞争情报方信息源选择研究(AHSKF2018D43)”的资助，并成为该基金项目的研究成果。本书第六章“大数据时代供应链竞争情报方信息源选择的方法体系研制”由课题组成员、安徽农业大学经济管理学院博士研究生朱文韬同学完成。在本书编校出版中，合肥工业大学出版社马成勋老师付出了辛勤的劳动。在此对支持撰写出版本书的所有单位和个人表示衷心的感谢！

朱礼龙

2022年7月

目录

第一章　供应链系统信息安全问题研究

第一节　问题的提出

随着网络和信息技术的发展,闭环的企业内部信息管理模式逐步为开放的供应链集成化信息管理模式所取代。当供应链成员通过开放的互联网来实现远程交互访问、进行信息共享时,这种开放的网络系统给需要高度保密的敏感情报如企业内部的生产、销售订单、合作企业的生产进度、企业间的资金转账、招投标信息等,带来了很多安全隐患,从而威胁到整个供应链系统的信息安全。Sindhuja P N 和 Anand S. Kunnathur 建议从管理控制的角度看,有必要对全球供应链中的各类组织的信息安全纪律进行全覆盖;Ramesh Kolluru 和 Paul H. Meredith 发现供应链合作伙伴之间的不同类型的数据共享需求需要不同层次的安全性;Peter Finch 指出,当公司暴露于组织间网络时,开展风险评估以及需要考虑业务连续性规划的重要性;Zachary Williams 等人通过定性研究,发现存在 4 个主要的供应链安全的驱动因素,即政府、顾客、竞争者和社会;蒋鲁宁认为信息安全供应链的安全涉及四个方面,即信息安全供给基础、信息安全产品(包括信息安全服务)过程,信息安全能力形成过程以及对这些过程的安全确认;刘丹则认为供应链信息系统的安全涉及从粗到细的 4 个层面:系统级安全、程序资源访问控制安全、功能性安全和数据域安全;齐源选择了信息共享内容风险、委托-代理风险、管理风险、成本增加风险以及技术风险等5大预警指标,构建了基于第三方及GAHP的供应链信息共享风险预警系统;董绍辉等认为,供应链信息泄露的途径包括供应链上游企业、下游企业、独立第三方以及供应链管理系统等四个方面;宋伟等提出通过接入中间件,在内外系统之间进行必要的安全隔离,从而提高整个供应链协同系统的鲁棒性和抗攻击能力;李剑锋等提出了由信息安全治理、信息安全管理、基础安全服务和架构、第三方信息安全服务与认证机构和供应链信息安全技术标准体系五个部分构成的供应链信息安全体系框架。上述研究表明,虽然国内外学者对于供应链系统的信息安全问题高度关注,从供应链信息安全的内容、影响因素、风险评估、泄密途径、体系框架到防范措施等方面都作了较为深入地研究,但是在供应链信息安全系统的角色定位与作用发挥、信息安全现状评估、信息安全隐患的梳理、信息安全的机理分析等问题上缺乏深入的研究。本书拟从供应链反竞争情报技术系统视角出发,站在竞争对手的立场上审视供应链信息安全系统可能发挥的作用和供应链信息安全系统存在的安全薄弱点,进而研究供应链系统情报为何泄密、如何泄密、怎样泄密的内在机理,促使供应链系统各参与方高度重视情报泄密的防控问题,避免或减少敏感信息情报的泄密。

第二节　供应链系统信息安全管理工作的角色定位与作用发挥

一、供应链系统概述

1. 供应链的概念

20世纪80年代后期以来,供应链管理这一新的合作伙伴企业经营与运作模式从美国向世界各地推开。利用现代信息网络平台,通过整合与集成业务流程，核心节点企业与供应商以及下游客户建立战略合作伙伴关系，广泛应用电子商务，极大地提高了核心节点企业乃至整个供应链的竞争力，为企业赢得了持久的竞争优势。然而时至今日，有关供应链的界定仍然莫衷一是，这其中代表性的观点如下：

美国供应链协会(Supply Chain Council，SCC)提出，供应链包括从供应商的供应商到顾客的顾客之间所有对产品的生产与配销之相关活动流程。国外学者 Steven 视供应链为透过信息流的传输及物料流的回馈，将物料供应商、生产设施、配送服务及顾客联结在一起管理；Ellram 提出供应链是处理从供应商到最终消费者的物料规划及管制的整合方法；Harrington 认为供应链包括产品流及信息流两部分，属于双向流程，从供应商到消费者间所有的成员，形成一个虚拟的企业联合体，将采购、制造、分配产品与服务提供消费者的活动连接在一起；Harrison 提出，供应链是执行采购原材料，将它们转换为中间产品和成品，并将成品销售到用户的功能网链；英国著名的物流专家 Martin Christopher 认为，供应链是指涉及将产品或服务提供给最终消费者的过程和活动的上游及下游企业组织所构成的网络。

我国 2001 年发布实施的《物流术语》国家标准(GB/T18354－2001)中对供应链的定义是：生产及流通过程中，涉及将产品或服务提供给最终用户活动的上游与下游企业所形成的网链结构。国内学者单泪源提出，供应链是借助网络技术，将分布在不同地区的供应链合作伙伴，在较大区域范围内进行集成，力图通过各个组织之间相互的责任分担、利益共享等机制来共同获得收益；蓝伯雄等认为，供应链就是原材料供应商、零部件供应商、生产商、分销商、零售商、运输商等一系列企业组成的价值增值链。马士华认为，供应链是围绕核心企业，通过对信息流、物流、资金流的控制，从采购原材料开始，制成中间产品以及最终产品，最后由销售网络把产品送到消费者手中的将供应商、制造商、分销商、零售商、直到最终用户连成一个整体的功能网链结构模式。供应链描述商品的需求到生产再到供应过程中各经营实体(供应商、制造商、经销商和顾客)和活动(采购、制造、运输、仓储和销售)及其相互关系动态变化的网络。供应链的概念注重围绕核心企业的网链关系，每一个企业在供应链中都是一个节点，节点企业之间是一种需求与供应关系。对于核心企业来说，供应链是连接其供应商、供应商的供应商以及客户、最终用户的网链。企业开展供应链始于运输管理方面，后又延伸至入库、最终产品库存、物料处理、包装、客户服务、采购和原材料等方面。在供应链上除资金流、物流、信息流外，根本的是要有增值流，在供应链上流动的各种资源，应是一个不断增值的过程。因此，供应链的本质是增值链。

综上所述，供应链是连通整个产业的一条价值增值网链，涉及核心节点企业、供应商、供应商的供应商、用户、用户的用户，商流、物流、资金流和信息流贯穿整个网链，感知环境变化与快速响应能力强，具有较强竞争力的动态网链系统。

2. 供应链系统

供应链系统即供应链动态网链系统，由以下4个部分组成：

(1)核心节点企业。供应链核心节点企业又称盟主企业或领袖企业，在整个供应链中占据主导地位，对其他成员具有很强的吸引、辐射和推动能力。核心节点企业掌握了核心技术能力或核心服务能力，通过对商流、信息流、物流、资金流的控制，可以在供应链系统中保持稳定和系统的动态平衡，主导整个供应链的运行，既能为下游客户提供个性化、定制化的产品或服务，又能为上游供应商参与市场竞争提供平台支持和组织保障。核心节点企业既可以是制造商，也可以是供应商或分销商。

(2)非核心节点企业。供应链中除核心节点企业以外的其他参与方都属于非核心节点企业，它们在供应链中处于相对次要地位。非核心节点企业服从和服务于核心节点企业的总体战略安排，通过接入核心节点企业搭建的共享信息平台，接收和传送信息，保证商流、信息流、物流、资金流的通畅，及时了解整个供应链系统的运转情况，扮演好自身的角色，履行好各自的职责。理论上说，非核心节点企业可以是非必需的，也可以是非固定的，但出于供应链系统的稳定来讲，核心节点企业与非核心节点企业间战略合作伙伴关系的维护同样至关重要。

(3)网链整合系统流。供应链系统中的商流、物流、资金流和信息流(又称“四流”)是系统运转的动力源。商流是物流、资金流和信息流的起点,也可以说是奠定后“三流”的基础,若没有商流就不可能会发生物流、资金流和信息流。反过来,没有物流、资金流和信息流的支持和保障,商流也无法实现既定的目标。无论是商流、物流还是资金流,都离不开信息的传递和交换,没有及时、准确的信息流,就不可能有顺畅的商流、物流和资金流,特别是在信息技术高度发达的今天,信息流在整个供应链系统中所发挥的作用将更加突出。

(4)供应链组织构架(含组织构架图)。上述供应链核心节点企业、非核心节点企业以及网链整合系统流可以构建起供应链组织构架,供应链组织的构架如图 1-1 所示。

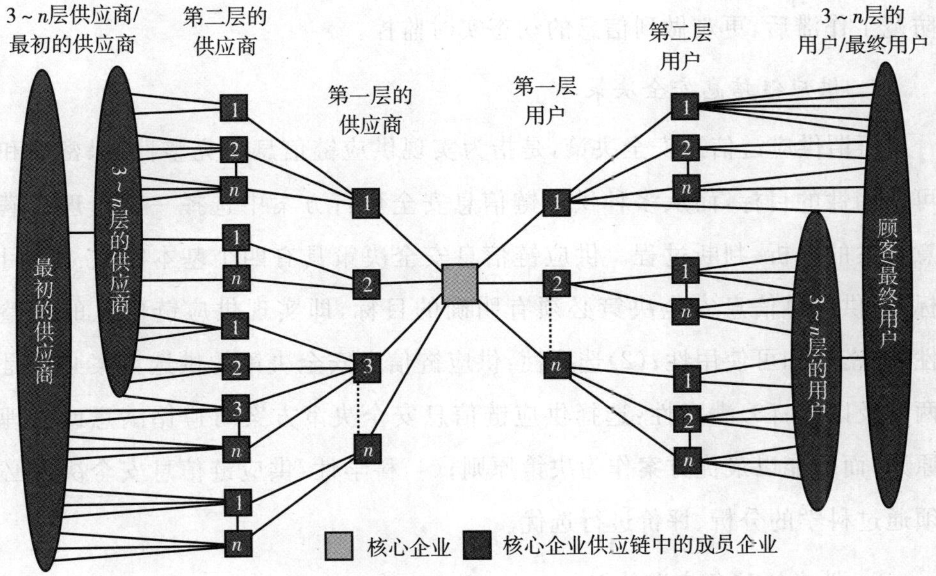

图 1-1　供应链组织构架图

二、供应链系统信息安全管理工作

供应链系统往往具有产业全、生命周期长、节点环节多且复杂、影响因素众多、信息多源异构等特点,其信息安全管理面临诸多挑战。供应链信息安全管理是指通过维护供应链信息的完整性、保密性和可使用性来管理供应链信息资产，是对供应链信息安全进行全过程决策、计划、组织、领导、控制和创新一系列活动过程。首先，供应链系统参与主体多、节点跨地域且参与目的多有差异、“四流路径”长，供应链系统信息共享很难实现，各层级节点相互之间，尤其是非相邻节点企业之间，存在着信任问题，难以做到数据充分共享；其次，目前的供应链信息安全管理系统主要是核心节点企业以自身为中心的自建和自主管理，在实际运行中，主要通过一系列信息安全法律、法规来规制供应链系统各参与方的权利与责任，也依据各参与方签订的契约来约束各自的行为，更有参与方的职业道德的软性约束等，信息安全管理往往疏漏不断，存在信息被窃取、丢失和被篡改等问题；再者，在供应链系统中，目前大都是以信息泄露后的补救堵漏工作为主，事先信息安全预警和防范工作滞后，更难做到信息的动态实时监控。

1. 供应链信息安全决策

所谓供应链信息安全决策，是指为实现供应链信息的完整性、保密性和可使用性的目标，而从多种供应链信息安全可行方案中选择一个合理或满意方案的分析、判断过程。供应链信息安全决策具有四个基本特点：(1)目标性：供应链信息安全决策必须有明确的目标，即实现供应链信息的完整性、保密性和可使用性；(2)选择性：供应链信息安全决策的供选方案必须是两个及以上；(3)满意性：选择供应链信息安全决策方案时遵循满意或合理原则，而不能以最优方案作为决策原则；(4)科学性：供应链信息安全决策必须通过科学的分析、评价进行选优。

2. 供应链信息安全计划

所谓供应链信息安全计划，是指供应链核心节点企业的管理者对将要实现的决策目标和可能采取的行动方案作出优选及具体活动安排的过程，简而言之，就是在供应链信息安全决策指导下，以未来目标为引领，预测供应链系统内外因素的变化，制订切实可行的行动方案。供应链信息安全计划涉及如下工作环节：(1)分析内外环境：准确把握供应链系统的内外环境因素变化，其分析工具主要为SWOT分析法，这是制订供应链信息安全计划的前提和基础；（2）确定组织目标：需要说明供应链管理的基本方针和预期达到的目标，涉及目标的具体内容、目标的衡量方式和方法、可实现目标的资源与能力、与其他目标间的相关性、明确的实现时间段等；（3）拟定和选择被选方案，包括尽可能多的设计可行的被选方案、评估并确定满意方案，并对其他方案进行完善；（4）制订主要计划和派生计划：涉及供应链信息安全主策略、信息安全标准和规范、信息安全管理办法和规定、信息安全操作流程、核心节点与非核心节点间的信息安全协议、信息安全管理培训资料和供应链各参与方信息安全手册等；（5）方案的实施：包括编制信息安全计划方案实施预算、方案的实施以及方案实施后的评估与反馈等。

3. 供应链信息安全组织

所谓供应链信息安全组织，是指供应链核心节点企业的管理者根据供应链信息安全的既定目标，对供应链系统中的各参与方及各参与方之间的相互关系进行合理安排的过程，简而言之，就是建立供应链系统的产权纽带和契约关系，构建并逐步完善供应链系统的物质、能量和信息关系，打造供应链系统的新型社会结构。其主要内容包括：（1）设计供应链信息安全组织结构：建立以供应链核心节点企业为信息安全中心、一级供应商或一级模块化供应商与一级用户或一级销售总代理为信息安全子中心、二级供应商或二级模块化供应商与二级用户或二级销售总代理为信息安全孙中心，逐级建立供应链信息安全组织系统；（2）建立中心调控、逐级管理的信息安全管理体制：中心控制是指供应链核心节点企业建立信息安全指挥中心、统一协调供应链信息安全管理工作，共享整个供应链信息安全相关信息，逐级管理是指发挥企业间信息系统的作用，一级对一级负责，从而建立起整个供应链系统统分结合的信息安全管理体制；（3）分配权力、明确责任：本着权责对等的原则，明确供应链系统各节点在信息安全管理中的权利与责任，从而建立起供应链系统信息安全分级管理的制度体系；（4）配置资源：科学合理的资源配置，是形成供应链系统信息安全管理能力的保障，资源配置应本着各节点承担的信息安全管理目标的大小的原则；（5）构建有效的信息沟通网络：

包括明确供应链系统各节点信息安全管理权限，维护各节点间信息系统的安全有效，畅通整个供应链系统安全管理权力线等。

4. 供应链信息安全领导

所谓供应链信息安全领导，是指供应链核心节点企业的管理者为了实现供应链信息安全管理目标而对供应链其他节点企业施加影响的过程。供应链核心节点企业的管理者在执行供应链信息安全领导职能时，一方面要调动供应链系统各节点企业的潜能，使之在实现供应链信息安全目标过程中发挥应有作用；另一方面要促进供应链信息安全各节点成员之间的团队协作，使供应链系统所有的信息安全活动和努力步调一致。其具体途径包括：(1)指挥：在供应链信息安全管理中，供应链核心节点企业要有大局意识，能够高瞻远瞩，帮助供应链其他节点企业认清所处的信息安全形势，明确信息安全管理的目标以及实现目标的路径；(2)协调：供应链系统各成员的地位不同，各自拥有的信息安全管理的资源、能力和态度各异，在面对供应链信息安全问题时，难免在思想上出现分歧、行动上不能步调统一的情形，这就需要供应链核心节点企业出面协调各自的关系，把各成员团结起来，共同应对信息安全问题；(3)激励：供应链各成员在解决信息安全问题时的需要是不同的，从而诱发动机的差异，在解决信息安全问题时的积极性就会不同。作为供应链核心节点企业就要能够了解其他各节点企业的需要，对症下药，激发各节点企业在面临信息安全问题时对供应链系统的高度责任感、忠诚度和奉献精神，努力消除信息安全危机。

5. 供应链信息安全控制

所谓供应链信息安全控制，是指在执行供应链信息安全计划的过程中，由于供应链系统内外环境的变化及其影响，可能导致系统成员的活动或行为与供应链的总体要求或期望不一致，从而出现偏差，影响供应链信息安全目标的实现。为了保证供应链信息安全工作能够按照既定的计划进行，供应链核心节点企业的管理者必须对供应链信息安全管理绩效进行监控，并将实际工作绩效与预先设定的目标或标准进行比较。如果出现了超出一定限度的偏差，或者发现制订的目标或标准不够科学合理，则需及时采取纠正措施，以保证供应链信息安全工作在正确的轨道上运行，确保供应链信息安全管理目标的实现。其具体工作环节包括：(1)确立标准：标准是衡量供应链信息安全结果或绩效的一种规范。由于供应链信息安全管理涉及对象众多，其适用标准多有差异。如涉及在网络和系统中被采集、传输、处理和存储的对象(如技术文档、存储介质等)的标准、使用的各种软件的安全标准以及安全管理手段的密钥和口令的标准等。(2)衡量绩效：供应链核心节点企业的管理者运用事先确定的标准，衡量实际工作绩效，发现可能存在的各种偏差，特别要关注超过允许范围的偏差。(3)纠正偏差：寻找偏差及其产生的原因，并对重要偏差采取措施予以纠正。纠偏措施既可以作用在信息安全管理薄弱的节点企业，督促其改正和加强信息安全防范工作，也可以作用在不符合信息安全管理实际的各类目标或标准上，使信息安全管理的各类目标或标准更加科学合理。

6. 供应链信息安全创新

所谓供应链信息安全创新，是指供应链系统为实现信息安全管理的目的，适应外部环境和内部条件的发展变化，推动信息安全技术进步的管理活动。其具体工作内容包括：(1)目标创新：环境变化要求供应链系统作适应性的调整，以维持与环境系统的动态平衡，这种平衡是建立在物质、能量和信息交换的基础上的，供应链信息安全管理目标的设定要能够满足供应链与环境间动态平衡的要求；(2)技术创新：技术创新是供应链信息安全管理创新的重要内容，技术创新的进行，技术水平的提高是供应链增强自身信息安全保障能力的重要途径；(3)制度创新：制度创新是能够使供应链信息安全系统创新者获得追加利益的现存制度的变革。制度创新强调通过制度设计和安排，能够降低交易费用，引导供应链各节点企业通过信息安全合作而提高经济效益；(4)组织机构和结构创新：一方面，供应链信息安全管理组织机构由五部分组成，即信息安全决策中心、信息安全反竞争情报中心、供应链集成化信息系统、蜜网技术支持的网络反竞争情报系统、人际情报网络系统；另一方面，供应链信息安全管理组织结构涉及不同节点企业的信息安全管理系统，体现不同节点企业的信息安全管理部门之间的相互独立、相互制衡关系。组织机构和结构创新体现在供应链系统不同节点企业的信息安全机构和结构的不断调整，以便更有效地发挥供应链系统信息安全管理人员的作用，提高管理劳动的效率；(5)环境创新：环境创新是供应链系统通过积极的创新活动去改造环境，引导环境朝着有利于供应链有效运营的方向变化。

三、信息安全管理工作中供应链系统成员的角色定位

如前所述，供应链系统成员由核心节点企业和非核心节点企业两部分组成，它们在供应链信息安全管理工作中所处的地位是不同的，扮演的角色各有差异。

1. 核心节点企业的角色定位

供应链核心节点企业在供应链信息安全风险管理中居于核心地位，起主导作用。一般而言，供应链核心节点企业负有成立和运营供应链风险管理部的责任，专门负责整个供应链的风险管理工作，当然也包括了信息安全风险管理。核心节点企业在供应链信息安全风险管理中的角色定位主要体现在如下三个方面：首先，负责制订供应链信息安全危机应急计划，进行系统的信息安全风险分析。供应链信息安全风险管理部门要对供应链系统所处内外环境进行分析，全面掌握各种信息安全风险因素的变化，定期或不定期地进行供应链系统运行的信息安全风险分析，并将分析报告提交给供应链系统最高决策者。其次，负责协调供应链信息安全危机爆发的处置工作。从供应链信息安全危机溯源，供应链信息安全危机处置预案落实，供应链信息安全危机例外事件应急处置，到协调供应链各节点危机干预资源的使用等等，努力把供应链信息安全危机造成的损失控制在最小范围内。再次，负责评估供应链信息安全危机损害与教训总结。危机损害评估既包括市场份额下降带来的直接经济损失，又包括供应链信息安全保障受损带来的无形资产的损失。教训总结主要针对供应链信息安全薄弱环节、部门及关键岗位上的人员进行的信息安全风险的教育和培训工作，增强信息安全防范意

识，提升信息安全风险应对能力。

2. 非核心节点企业的角色定位

非核心节点企业在供应链信息安全风险管理中处于相对次要地位，支持和协助供应链核心节点企业开展信息安全风险管理工作。一般而言，供应链非核心节点企业也设有风险管理部或风险管理小组，专门负责自身的风险管理工作，同时与供应链核心节点企业的风险管理部进行信息安全资料的交流与共享。非核心节点企业在供应链信息安全风险管理中的角色定位主要体现在如下三个方面：首先，主导本企业的信息安全风险管理工作。通过企业自身的信息安全网络系统，掌握本企业的信息安全动态信息，对企业内部的关键部门和关键岗位工作人员加强监控，在信息安全管理中，看好自己的门，管好自己的人。其次，协助核心节点企业制订供应链信息安全危机应急计划并负责该计划在本企业的落实，掌握本企业乃至整个供应链系统存在的信息安全风险隐患，及时将信息安全风险相关资讯告知核心节点企业。最后，在供应链信息安全危机爆发时积极参与相关处置工作，发挥企业间信息系统和人际网络系统的作用，发挥非核心企业数量众多，联系广泛的独特作用，帮助供应链系统尽早渡过信息安全危机。

四、信息安全管理工作中供应链系统成员的作用发挥

1. 信息安全管理工作中核心企业的作用

核心企业往往在供应链信息安全管理中扮演着重要角色，是整个链条信息安全的管理者、组织者与协调者。核心企业掌握了上下游各节点企业间的商务数据，掌握着链条上的所有物流、资金流和信息流的及时数据，它对整个供应链具有绝对的掌控能力。信息安全管理工作中核心企业的作用具体体现在如下三个方面：(1)对供应链信息安全管理负有主要责任。供应链信息安全管理职能工作的开展都离不开核心节点企业，无论是供应链信息安全决策方案的确立、计划落实、组织体系设计与运行、领导工作的开展、控制方式方法的应用还是创新管理工作的推进，都是在核心节点企业的统

一管理下向前推进的。(2)对供应链数据中心的安全防范负有直接领导责任。供应链数据中心的建立与使用都是在核心节点企业的直接领导下进行的,而供应链信息安全中心通常就位于核心节点企业内部。(3)对供应链信息安全危机负有主要处置责任。当供应链面临信息安全危机时,核心节点企业往往会协调整个供应链资源来应对危机,对造成的损害加以评估,对可能的经验教训加以总结。

2. 信息安全管理工作中非核心企业的作用

非核心企业往往在供应链信息安全管理中扮演关键助手的角色,是整个链条信息安全管理的协助者、参与者与执行者。非核心企业从供应链系统信息中心获取有关商流、物流、资金流和信息流的及时数据,同时向信息中心传送本企业的相关业务信息数据,保证信息数据资料在传送、获取、存储和使用过程中的信息安全。信息安全管理工作中非核心企业的作用具体体现在如下三个方面:(1)确保本企业的信息安全。加强对本企业涉密人员的信息安全教育,增强他们的信息安全意识和保密责任意识,避免有意或无意泄露企业机密信息的问题。(2)确保与供应链信息安全中心进行信息交互时的信息安全。无论是通过网络存取信息还是通过人员获取信息,都要在确认信息交互时的环境安全情形下进行,防止信息的泄密。(3)作为供应链信息安全预警系统的一员,主动作为,开展信息安全隐患排查工作,及时上报关键信息的变化,准备好信息安全危机处置预案,防患于未然。对于已经暴露出的信息安全问题及时处置,尽可能减少信息安全风险造成的损害。

第三节　供应链系统信息安全状况评估

近年来,供应链重大信息安全事件时有发生,如 2017 年的 Xshell 系列软件被植入后门、2018 年的“驱动人生”供应链事件、2019 年印度 IT 外包巨头 Wipro IT 系统遭入侵等,给相关供应链系统的信息安全造成巨大危害。因此,有必要对供应链系统的信息安全状况进行评估,全面了解供应链系统信息安全水平，对可能的信息安全薄弱环节加以治理。

一、供应链需方视角的信息安全状况评估

供应链需方视角的信息安全是从供应链需方角度来看，若是合作的供方厂商出现异常情况，便可能衍生信息安全风险问题。这些异常情况包括供应中断、与供应商的网络数据传输受阻，供应商的 IP 地址遭黑，供应商外泄客户数据等情况。供应链需方视角的信息安全状况评估的基本工作环节如下：

首先，对供应商的供应能力和可能带来的信息安全风险进行评测，确定合格的供应商，与之签署供应商合同。在合同中明确需要供应商保密的条款以及保密责任，并规定有关信息安全风险保证金。

其次，对供应商调用数据的合规性进行审查，确定所调用的数据是否通过专人、专用通道；进入数据库调用数据的密钥是否为专人使用，有无外借密钥的情况；调用数据的存储、分析、使用过程的安全保密工作是否到位。

再者，对供应商的信息安全维护能力进行评估，确定其网站安全防护能力、网络数据安全传输能力、传统人际网络安全防护能力等是否真实可靠。

最后，对供应商信息安全事件进行分析，确定其在信息安全事件中扮演的角色，信息安全事件经验教训的吸取情况，有关信息安全漏洞问题的解决情况，信息安全责任制的落实情况，等等。

二、供应链供方视角的信息安全状况评估

供应链供方视角的信息安全是从供应链供方角度来看，若是合作的需方厂商出现异常情况，便可能衍生信息安全风险问题。这些异常情况包括信息安全供给基础发生动摇、信息安全产品或服务过程安全受到挑战、信息安全风险管控能力弱化以及信息安全确认过程的中立性不能保证等四种情形。

首先，信息安全供给基础发生动摇是指合作的需方厂商的关键信息基础设施被非法控制、遭受干扰或破坏，重要供应数据被窃取、泄露、毁损，影

响对合作的需方厂商的信息安全评测，从而形成产品或服务供应中断的风险。信息安全供给基础发生动摇可能由于供应链需方执行的工业标准存在安全缺陷、使用的安全技术不可信以及运用的安全模型错误等原因造成。此类风险主要是由于需方的信息安全保障能力不足造成整个供应链系统的信息安全的脆弱性，作为供方在力所能及的范围内应给予必要的帮助，消除此类安全隐患。

其次，信息安全产品或服务过程安全受到挑战是指供应链需方在信息安全产品生产过程或服务提供中面临的信息安全挑战。具体涉及两个方面，一是信息安全产品组件来源的可靠性问题，信息安全产品组件来源的多样性本身就是对可靠性构成挑战；二是信息安全产品构造过程的质量保障问题，由于信息安全产品构造过程的质量控制与保证工作的不力，给信息安全产品构造过程埋下了安全隐患。

再者，信息安全风险管控能力弱化是指供应链需方在信息安全的“事先防范、事中控制、事后救济”的全过程管理方面能力不够，未能构建起适应供应链系统立体式的网络安全管理机制。信息安全风险管控能力是供应链需方真正的需要。若不能最终形成供应链需方所需的信息安全能力或供应链供方协助供应链需方形成信息安全能力，那么信息安全的供给就不可能实现。

最后，信息安全确认过程的中立性不能保证是指对信息安全的供给基础、信息安全产品或服务过程安全、信息安全风险管控能力进行安全确认时受到经费投入不足、信息不对称问题、人情关系困扰等因素的影响，难以作出独立的、具有权威性的中立的评判。

三、供应链共享信息视角的信息安全状况评估

供应链共享信息视角的信息安全是从供应链供需双方的角度来看，若是合作节点企业从自身利益角度出发隐匿一些核心机密信息或将共享的信息泄露给供应链外企业所带来的信息安全风险问题。前者可能源于节点企业从自身利益角度出发所产生的道德风险和委托代理关系导致的一种逆向选择风险，后者主要是具有较高的商业价值的共享信息能够给泄密者带来

直接利益。供应链共享信息视角的信息安全评估可以参考 ISO27001 的信息安全体系框架,围绕定义环境、建立信息安全方针、风险识别、风险评估、风险处置的流程进行评估。

首先,定义环境。供应链系统的环境大致分为三个层面,一是供应链系统面临的总体环境(即宏观环境)与产业环境(即中观环境);二是供应链系统各节点企业间的系统集成;三是供应链各节点企业的具体情况、拥有的内外部资源。节点企业在综合考虑上述三个层面的环境因素基础上定义自身对信息安全的期望,之后供应链节点企业围绕各自在信息安全上的关系,确定企业间的协作规程,而供应链系统则在此基础上确定信息安全管理的总目标。

其次,建立信息安全方针。信息安全方针旨在提高供应链系统各成员的信息安全意识,做好信息安全预防工作,贯彻落实安全方针和各项安全措施,保护供应链系统各类信息安全资产,防止信息安全事故发生,提高供应链系统应对外部信息安全威胁的能力。信息安全方针为供应链系统信息安全管理工作指明了方向、明确了目标,因此需要在供应链系统内明确该方针,供应链系统各节点企业需要按此方针指导自己的行为,实现自己对供应链系统的信息安全承诺。

再者,风险识别。风险识别旨在发现能够使供应链产生损失的信息安全威胁。风险识别需要关注供应链企业间的信息安全共享行为规律,当供方企业共享的成本和安全风险较大,供方企业始终会选择不共享,从而给供应链系统带来信息安全风险。风险识别主要包括信息资产的识别、威胁识别以及组织自身漏洞的识别,既包括供应链系统内部的风险,又包括供应链系统外部的风险。

接着,风险评估。风险评估是供应链共享信息视角的信息安全状况评估的重要一环,其主要工作是对可能发生的风险进行评价和排序,为风险处置提供服务。风险评估首先要分析供应链竞争情报方关注各类共享信息资产的优先程度即各类共享信息资产受到威胁的程度,然后确定供应链竞争情报方利用供应链系统漏洞的可能性,最后给出供应链竞争情报方利用供应链系统漏洞所带来供应链系统利益损失的大小。

最后，风险处置。在风险评估之后，供应链管理者全面掌握了供应链整体信息资产和各类信息资产面临的风险严重程度，在供应链系统信息安全方针指导下，制订有针对性的信息安全防护策略。对于供应链系统内部的风险：一是要研判各节点企业关键核心信息资产是否有隐匿的问题；二是要研判各节点企业是否存在将获得的其他合作企业的核心信息资产外泄的问题；三是要研判各节点企业在长期学习、选择、博弈过程中逐渐形成与其他企业的合作意愿（合作概率），分析其参与共享行为的道德基础是否稳固。对于供应链系统外部的风险：一是要加强所有与供应链系统有业务往来的第三方的信息安全风险管理，签署保密协定；二是在与供应链系统第三方开展业务往来时注意做好关键核心信息的脱敏工作；三是供应链系统各节点企业对外信息发布时做好相关审查工作；四是提高涉密人员的信息安全教育，强化信息安全责任意识，落实好泄密人员的责任追究制。

第四节　供应链系统信息安全隐患的梳理

供应链系统信息安全隐患存在于供应链系统的各个子系统之中，具体涉及信息安全决策中心、信息安全反竞争情报中心、蜜网技术支持的网络反竞争情报系统、人际情报网络系统以及供应链集成化信息系统。因此，供应链系统信息安全隐患的梳理需要对上述五个子系统进行全面的梳理。

一、信息安全决策中心安全隐患梳理

作为整个供应链信息安全系统的中枢，信息安全决策中心一旦发生泄密事件，必将对供应链系统信息安全治理工作带来重大安全隐患。信息安全决策中心可能存在的安全隐患大体涉及高管泄密以及信息安全治理过程中的情报泄密两个方面。信息安全决策中心的高管泄密专指参与供应链系统信息安全治理工作的高管恶意或非恶意地泄露涉及供应链系统信息安全治理问题的决策信息。恶意泄密往往发生在对公司不满或有预谋离职的高

管身上，非恶意泄密往往因为缺乏责任心、安全防范意识淡薄、公司对高管的放任等原因造成的。

信息安全治理过程中的情报泄密可能发生在信息安全决策中心制定信息安全战略、总体规划和重大信息安全政策等的酝酿、起草、征询意见、方案评估、方案试行前的各个阶段。因为时间跨度长、涉及面广、牵涉人员多等原因，信息安全治理过程中的情报泄密问题更加难以控制。

二、信息安全反竞争情报中心安全隐患梳理

信息安全反竞争情报中心的安全隐患主要源于反竞争情报收集子系统、反竞争情报分析子系统和反竞争情报服务子系统之间业务上的协调不够以及各自功能的发挥不够充分。具体表现为：其一，信息安全反竞争情报中心各子系统的协调不够，导致信息的收集、整理、分析、存储以及上报不够及时；其二，反竞争情报收集子系统忽视了可能引起安全事件的关键信息；其三，反竞争情报分析子系统对可能引起安全事件的关键信息及其来源的危害性认识不足；其四，反竞争情报服务子系统未能及时就信息安全方面的例外问题上报信息安全决策中心。

三、蜜网技术支持的网络反竞争情报系统安全隐患梳理

蜜网技术的应用使得网络反竞争情报系统在收集敌意侵害方的攻击信息、保护供应链信息系统情报、发现内网中可能存在的安全漏洞等方面具有重要作用，但同时蜜网技术是一把双刃剑，也会给网络反竞争情报系统带来安全隐患：其一，使网络反竞争情报系统遭受更多的攻击，交互的程度越高，模拟得越像，供应链系统陷入危险的概率就越大；其二，模拟服务的软件存在问题，也会产生新的漏洞；其三，敌意侵害方若取得 root 权限，便可以自由存取目标机上的数据，然后利用已有资源继续攻击其他机器；其四，虚拟蜜网的引入使得架设蜜网的代价大幅降低，便于部署和管理，但同时也带来更大的风险，敌意侵害方有可能识别出虚拟操作系统软件的指纹，也可能攻破虚拟操作系统软件从而获得整个蜜网的控制权。

四、人际情报网络系统安全隐患梳理

随着供应链共享信息平台的建设以及信息交互、信息共享水平的不断提升，人际情报网络系统的安全隐患问题愈加突出：首先，供应链共享信息平台为供应链节点企业外部人际情报网络和节点企业内部人际情报网络提供了功能强大的信息沟通平台，网络虚拟空间中的复杂人际关系增添了信息情报泄露的可能；其次，敌意竞争情报方可以利用共享信息平台中的人际情报网络，绕开供应链系统的防火墙，进入专用网络内部，便于其竞争情报工作的开展；再者，传统的人际情报网络泄密仍然在发挥其独特的作用，敌意竞争情报方可以利用接待或访问节点企业、欺骗、引诱和拉拢节点企业关键涉密岗位人员及关联人员、通过关联第三方等渠道，获取供应链系统的敏感信息情报。

五、供应链集成化信息系统安全隐患梳理

供应链集成化信息系统在实现供应链合作伙伴间的信息交互与信息共享的同时，也为敌意侵害方的竞争情报工作提供了机会。供应链集成化信息系统安全隐患可能存在以下三个环节中：其一，敌意侵害方成功地避开了供应链集成化信息系统的竞争情报检测；其二，数据流重定向器未能筛选出数据流中的竞争情报信息流，将竞争情报信息流误认为正常业务流；其三，Intranet内主机或服务器为竞争情报方提供信息存取服务，就会造成供应链系统关键信息情报的泄密。

第五节　供应链系统信息安全的机理分析

一、信息安全治理过程监管不力造成供应链系统情报泄密

信息安全决策中心安全隐患之一在于信息安全治理过程中的情报泄密。由于情报泄密可能发生在信息安全决策中心制订信息安全战略、总体

规划和重大信息安全政策等的酝酿、起草、征询意见、方案评估、方案试行前的各个阶段。因此，信息安全治理工作需要统筹规划，点面结合，齐抓共管。既要制定好信息安全治理工作的总体预案，又要有分阶段的详细应对计划。对参与信息安全治理工作的部门和人员（包括高管在内）实行全流程、全员备案制，从制度上堵塞安全漏洞。

二、信息安全策略管理工作滞后于供应链系统信息安全的需要

信息安全反竞争情报中心的安全隐患主要源于信息安全策略管理工作不能满足供应链系统信息安全的需要。具体表现为：信息安全反竞争情报中心组织协调工作不够，各子系统不能形成合力，导致信息安全管理工作滞后；对可能引起安全事件的关键信息及其来源的危害性认识不足，未能及时发出危机预警信号；对已造成实质性危害的信息安全事件未能作出及时响应或应对措施不得力，未能及时堵塞信息安全漏洞，造成信息安全事件对供应链系统损失的扩大；对信息安全方面的例外问题，未能及时上报信息安全决策中心，延缓了高层决策者们非程序化决策工作的开展，以致高层决策者们不能及时调动整个供应链资源来消除信息安全危害。

三、蜜网技术的双刃剑特征危及网络反竞争情报系统安全

从蜜网环境的运行过程来看，数据包采集模块负责竞争情报方数据包的采集和预处理，因此竞争情报方数据包的质量是蜜网技术取得成功的关键，直接关系到能否精准确定竞争情报者的行为特征与感兴趣的机密信息类型。而要提高竞争情报方数据包的质量，必须尽可能迷惑竞争情报方，提高与后者之间的信息交互程度，尽量多的收集竞争情报方的特征信息。随着双方的交互程度的提高，网络反竞争情报系统遭受攻击的次数就会显著增加，一旦用于迷惑竞争情报方的模拟服务软件存在安全漏洞，就会给网络反竞争情报系统带来重大的安全隐患。此外，蜜网网关上安装的工具软件如果存在安全漏洞，竞争情报方有可能通过安全漏洞获取 root 权限，作为合法用户来执行远程代码，这样便可以自由存取目标机上的数据，然后利用已

有资源继续攻击其他机器。至于虚拟蜜网的安全问题，应该考虑敌意侵害方有可能识别出虚拟操作系统软件的指纹，也可能攻破虚拟操作系统软件从而获得整个蜜网的控制权。

四、人际情报网络维护成本高，监管困难，已成供应链系统安全短板

由于供应链人际情报网络涉及各节点企业的外部人际情报网络和内部人际情报网络，这样不仅造成供应链人际情报网络组建时困难重重，也会给维护供应链系统各参与方的大而全的信息安全体系带来高昂的成本，更会给整个监管工作带来难以想象的困难。首先，网络虚拟空间中的复杂人际关系是任何组织都需要直面的现实问题。无论人际情报网络如何构建，一个不容否定的事实是人际情报网络是深深扎根于社会网络之中的。因此，理论上说，竞争对手完全有可能侵入竞争情报组织内部的人际关系网、竞争情报组织与企业其他职能部门之间的人际关系网，以及竞争情报组织与企业外部社会实体之间的人际关系网，达到获取供应链系统情报的目的。其次，人际情报网络的漏洞为敌意竞争情报方的乘虚而入大开方便之门。人际情报网络的漏洞主要表现为节点企业内部涉密人员在与包括供应商、分销商，包括中介机构、行业协会、物流服务企业、消费者组织、新闻记者等在内的第三方机构、竞争对手、最终消费者等节点企业外部人际情报网络打交道时，有意或无意泄露供应链系统的机密情报。再者，网络环境下的人际情报网络泄密复杂性增加，造成监管困难。诸如网络虚拟空间中的人际情报网络泄密与传统的人际情报网络泄密并存、正式组织渠道泄密与非正式组织渠道泄密并存、高管泄密与掌握关键信息技术的普通职员泄密并存等，使得供应链信息安全监管工作面对人际情报网络泄密时显得无所适从。

五、供应链集成化信息系统自身的安全漏洞给竞争情报方以可乘之机

供应链集成化信息系统安全隐患可能存在以下三个环节中：其一，防火墙未能识别出敌意侵害方，容许其进入专用网络内部，这可能是敌意侵害方

伪造了供应链某个节点企业的IP地址或者直接通过供应链某个节点的IP地址；其二，数据流重定向器未能筛选出数据流中的竞争情报信息流，将竞争情报信息流误认为正常业务流，这可能是因为敌意侵害方估计到专用网络内部设置了蜜网，没有受到蜜网的诱惑；其三，敌意侵害方成功地从数据库调用数据，这是因为敌意侵害方事先获得了连接数据库的权限。

本章小结

由于供应链信息安全系统自身的复杂性，要去探究供应链系统情报为何泄密、如何泄密、怎样泄密等诸如此类的供应链系统情报泄密的内在机理问题，的确是一个相对棘手的研究课题。本书选择从供应链反竞争情报技术系统视角出发，站在竞争对手的立场上审视供应链信息安全系统可能发挥的作用，供应链信息安全系统存在的安全薄弱点，进而研究供应链系统情报为何泄密、如何泄密、怎样泄密的内在机理，促使供应链系统各参与方高度重视信息安全问题，加强情报泄密的防控工作，避免或减少敏感信息情报的泄密。

第二章　大数据时代供应链信息源定位研究

开展供应链信息源定位研究，准确把握供应链信息源，是大数据时代供应链信息源选择的一项重要的基础性工作。定位供应链信息源，首先需要全面了解大数据时代供应链信息源的表现形式与性质，供应链信息源呈现出的新发展、新变化与新挑战，供应链信息源选择面临的新情况、新问题，把握供应链信息源的泄密机理；其次，需要从供应链竞争情报和反竞争情报双方视角透视供应链信息源定位工作，深刻认识供应链信息源定位的重要性；再者，对大数据时代供应链信息源定位方法进行比较研究，了解各种定位方法的有优缺点及使用条件。通过对大数据时代供应链信息源定位工作的系统研究，熟悉大数据时代供应链信息源定位的基本流程，了解供应链信息源定位工作的主要方法，把握供应链信息源定位工作的发展趋势。

第一节　大数据时代供应链信息源概述

如前所述，供应链信息源是那些能够向供应链系统内外信息主体提供其所需信息的来源物，既可以是供应链系统中储存可被查寻信息的各节点企业及接触到供应链系统信息的物流公司、金融机构、中介机构、行业协会、消费者组织、新闻记者等第三方机构，也可以是提供供应链系统运行中所产生的现实或潜在信息、数据或符号的多种物理或数字媒介。在大数据时代，供应链信息源的表现形式与性质如何？供应链信息源呈现哪些新发展、新变化与新挑战？供应链信息源选择又面临怎样的新情况、新问题？供应链信息源的泄密机理是什么……诸如此类的问题有待深入研究。

一、大数据时代供应链信息源的表现形式与性质

(一)大数据时代供应链信息源的表现形式

供应链信息源既可以是生产和存储供应链信息的供应链各节点企业，也可以是与供应链系统存在业务关系、依存关系甚至是战略合作关系的第三方机构，甚至是包含供应链信息的多种物理或数字媒介。大数据时代，供应链信息源也呈现出一些体现时代特点的表现形式，具体如下：

1. 供应链各节点企业

大数据时代，供应链系统和外部环境之间的边界日益模糊，信息共享已成为供应链系统中各节点企业合作竞争与协同演化的主要方式之一。信息和知识成了各节点企业运营管理中的重要生产要素，通过对信息和知识的大数据分析，供应链节点企业可以找到在垂直领域的业务和应用，为自身的业务提供支持，从而形成竞争优势。而供应链各节点企业对信息和知识的大数据分析和寻找在垂直领域的业务和应用的工作活动势必引起供应链竞争情报方的高度重视，其所依赖的信息和知识也将成为竞争情报工作的对象。

2. 供应链第三方机构

第三方机构与供应链系统存在业务关系、依存关系甚至是战略合作关系，这也为其获取供应链系统信息提供便利，往往也成为竞争情报方竞争情报工作的关注对象。如通过与供应链系统有业务关系的物沉公司可以了解供应链系统的物流信息。通过金融机构可以了解供应链系统的资金流信息。中介机构在向供应链节点企业提供公证性、代理性、信息技术服务性等中介服务中了解到的有关信息，行业协会在沟通政府与企业关系、协调和监

督本行业企业的经营行为、统计并发布行业报告等工作中接触到供应链节点企业信息，消费者组织在保护消费者合法权益过程中掌握的供应链节点企业信息，新闻记者在宣传报道供应链节点企业中获取的相关信息，等等。

3. 物理或数字媒介

大数据时代，供应链信息的存储是通过数字媒介进行的，但也不排除有些重要信息通过物理介质保存的。在对数字媒介信息进行存储与管理、数据清洗、数据挖掘以及数据可视化过程中存在信息泄露的可能，而物理介质保存的信息在保管、借阅、复制等过程中也会遭受泄密的危险。

(二)大数据时代供应链信息源的性质

1. 整体相关性

大数据时代供应链信息源的整体相关性是指大数据时代供应链信息源按照某种方式结成一个相互关联的整体，产生单个信息源所不具备的特质，如供应链信息源整体的形态、整体的关联、整体的功能、整体的挑战以及整体的应对威胁的行动等。一旦某个供应链信息源被攻破，就不只是单个供应链节点的问题，而可能演化成整个供应链的信息安全问题。因为某个供应链信息源存储的不仅仅是对应节点企业生成的信息，也包括从供应链信息系统获取的其他节点企业提供的信息。当然，某个供应链信息源整体相关性程度是不同的，其整体相关性程度大小取决于该节点企业在整个供应链系统中的重要性高低。例如，2019 年 4 月，印度第三大 IT 外包巨头 Wipro 的 IT 系统遭到入侵，并被用于作为起跳点对其数十家客户的系统发动钓鱼式刺探。

2. 并存性

大数据时代供应链信息源的并存性是指大数据时代供应链信息源将以物理和数字媒介的形式并存，尽管数字媒介的信息源呈逐步上升态势，但是并不能取代物理媒介的作用。数字媒介信息源往往存在于供应链集成化信息系统之中，加强此类信息源的网络安全防护至关重要；物理媒介信息源的安全存放、保管、借阅往往要求较高，保密工作同样不容忽视。例如，2013 年京东的一次安全漏洞事故导致巨量客户数据泄密则是由数字媒介泄密引发的；而南京某知名压缩机生产公司离职员工靠机密图纸组建同类企业牟利 300 万元的案例则是一起典型的物理媒介泄密事件。

3. 非均衡性

大数据时代供应链信息源的非均衡性是指供应链信息源在信息存储量、存储信息的重要性、影响面、竞争情报方的关注度等方面存在不均衡。一般而言，供应链信息源既涉及纵向传递的信息，又涉及横向传递的信息。纵向传递的信息把供应链不同层次的经济行为联结起来，横向传递的信息把节点企业各职能部门的业务信息进行汇总。由于信息源是与具体供应链节点企业相对应的或相关联的，而节点企业在供应链中的地位不同，其接触到的信息层次和重要性存在客观上的差异性，这就决定了供应链信息源的非均衡性。例如，供应链核心节点企业往往比其他节点企业掌握更为重要的信息源，与供应链核心节点相近的节点企业往往比远离供应链核心节点的企业掌握更具影响力的信息源。

4. 协同性

大数据时代供应链信息源的协同性是指在大数据时代，供应链信息源间存在事实上的协调、同步、默契的非线性作用（注：物理或数字媒介的信息源是信息源主体承载信息的方式，其协同性即信息源主体间的协同性）。协同性是供应链信息源本身固有的一种自组织的能力。由于供应链信息源的协同，保证了各信息源在管理和使用中的步调一致，避免了各方可能产生的矛盾，并使各信息源产生互补效应，从而增强了供应链系统整体的信息调用和安全防护功能。供应链信息源的协同性不仅体现在供应链系统各成员间的协同，如原料供应商—制造商协同、制造商—分销商协同等，而且体现在供应链系统与外部相关第三方间的协同，如供应链节点企业与第三方物流公司协同、供应链节点企业与新闻媒体协同等。

二、大数据时代供应链信息源的新发展、新变化与新挑战

(一)大数据时代供应链信息源的新发展、新变化

大数据时代供应链信息源的新发展、新变化呈现动态更新性、有限开放性、有界时效性、多维分散性的特征。传统的供应链信息源在供应链系统中由单一核心节点掌控的形式开始逐渐转变为多节点分布式联合掌控的结构,并最终呈现"处处皆中心"的网络状多点分布式信息源传播结构。具体而言,数字时代信息源发展的特征如下:

1. 动态更新性

大数据时代,供应链系统内部产生的信息和接收来自系统外部的信息是十分巨大的。供应链供需信息和管理信息共同构成供应链信息流,供应链信息源既收集信息又发送信息,既存储信息又接受调用信息。因此,供应链信息源始终处在动态更新之中。动态更新的供应链信息源保证了供应链系统的高效运转,科学调度与协调供应链系统各节点企业业务工作的开展,有助于保持供应链系统的快速响应能力。

2. 有限开放性

大数据时代,供应链系统是一个高度开放的系统,始终与外部存在物质、能量和信息的交换。就信息交换而言,无论是供应链系统内部各节点企业还是与供应链存在联系的外部第三方机构都与供应链系统有着信息的交换,但是上述不同主体交换信息的权限是不同的。具体到调用信息,拥有哪个级别的调用权限只能获取该级别相应的信息。

3. 有界时效性

大数据时代,供应链系统信息的生命周期相对较短,其有效性只存在于一个有限的时间段。如一个订单信息将迅速引起整个供应链系统的联动反应,并与已有的订单信息一起构成大数据订单信息,用以指导供应链系统下一步的应对工作。当大数据订单信息产生拐点后,之前累积的众多订单信息的指导作用将会明显下降。

4. 多维分散性

大数据时代，供应链信息源几乎遍布供应链系统的每一个节点企业，而每一个节点企业存储的信息内容有着非常大的区别，因此，供应链信息源呈现多维分散性。例如，供应链末端的零售商只存储其接收的顾客订单、上游供应商的发货信息、相关的物流信息以及资金流信息，至于供应链其他更多信息则无从知晓；而供应链核心节点企业则掌握供应链系统全部的物流、商流、资金流和信息流，熟知供应链系统整体运行态势及其细微变化。

5. 双向可及性

大数据时代，供应链信息源呈现双向可及性的特征，即主动推送信息、被动存取信息双向可及性的特征。传统供应链信息源往往呈现被动客户连接、单向信息传播的特点，一方面依靠客户主动展开信息搜寻行为来连接信息源本身（包括正常的信息存取和竞争情报行为），另一方面单向将信息"推"给客户而难以和客户进行有效互动。大数据时代，供应链信息源的开放、主动、去中心特性愈加明显，其进一步基于大数据计算、推荐机制等方法将信息主动推送给用户，并进行多元有效的实时互动，从而改变了信息的拥有方和信息获取方的关系。

（二）大数据时代供应链信息源面临的新挑战

（1）大数据时代信息源的发展使供应链面临新的风险或危机。具体包括多点风险、隐私风险、财产安全风险、信任危机等。其一，供应链信息源的多点分散性意味着只要有一点被突破，竞争情报方就有可能获取整个供应链的机密信息。其二，在调用供应链信息源信息时，通常需要登记用户的个人信息方可获取密钥进入信息源，使用的条款对用户的个人隐私安全存在一定风险，用户个人信息泄露事件偶有发生。其三，大数据时代，信息资源是重要的一类财产、用户在利用某个信息源调取信息的过程中，存在信息被截获或泄密的可能，从而给用户带来信息财产安全风险。其四，大数据时代供应链信息源的泄密事件频发，导致供应链系统内部各节点企业间产生信任危机，节点企业间相互的不信任将会严重妨碍供应链系统的信息共享，甚至导致供应链系统的崩溃。

(2)大数据时代信息源的发展加速了供应链信息的扩散。随着网络信息技术的发展、人际间社会资本的不断积累以及信息环境的复杂多变，一方面，客户更加便捷地从供应链信息源中获取信息；另一方面，客户也更容易将所获取到的信息传播于其他供应链或媒介中。这是因为：其一，供应链的某个节点企业可能存在于不止一条供应链之中，也就是说其经济行为可能服务于多条供应链，可能导致本供应链信息泄密；其二，供应链第三方机构在与其他供应链有着业务往来时有意无意泄露本供应链的机密信息；其三，有权限接触供应链信息源的节点企业工作人员有意无意泄露本供应链的机密信息。

(3)大数据时代信息源的发展增加了供应链系统秩序维持的难度。随着供应链各类信息源数量与规模的增大，表现形式也愈加多样化，逐渐演化成一个较为复杂的、多元化的信息生态系统，甚至进一步加剧了信息冗余、信息过载、信息爆炸、信息污染等问题，这对供应链系统秩序的有效维持产生较大冲击和挑战。例如，供应链信息基础设施建设步伐跟不上信息源的发展、信息源维护成本的急剧上升、信息存取人员的业务培训、供应链网络舆情的监管等，增加了供应链系统秩序维持的难度，传统依靠单一核心节点企业治理供应链多种信息源的手段已经不足以适应当今时代的需求。

(4)大数据时代信息源的发展进一步加剧了供应链节点企业间的信息不平等。随着信息源非均衡化的发展，供应链系统节点企业间在存取信息的权限及信息的重要性上愈加不平衡，信息不平等愈加严重。这是由于不同节点企业所处供应链的层次是不同的，加之不同客户对优质或有效信息源的辨识选择能力及对高质量信息的分析和转化能力存在差异，从而造成的信息不平等愈加严重。如核心节点企业通常要比非核心节点企业拥有更多的信息掌控力。

三、大数据时代供应链信息源选择面临的新情况、新问题

大数据时代供应链信息源的新发展、新变化势必对信息源选择工作造

成影响，加大了信息源选择的难度。一般而言，供应链信息源选择受到信息源的质量、安全防护水平、可获取性、任务的急迫性以及外部环境等因素的影响。

1. 信息源的质量是信息源选择的最重要诱因

在挑选信息源时，竞争情报方首先考虑的是信息源的质量，这是由信息源本身的价值决定的。供应链信息源的质量体现在信息源承载信息的准确性、真实性、全面性、相关性、可信度和可理解等方面。如前所述，供应链信息源具有的多维分散性使得高质量的信息源数量增加，客观上造成了竞争情报方选择信息源的余地增加了。当然，由于供应链节点企业间的信息不平等，竞争情报方依然会把高质量的信息源作为首选。

2. 信息源的安全防护水平是信息源选择的重要制约因素

信息源的安全防护水平的高低是竞争情报方进行信息源选择的重要制约因素。信息源的安全防护水平高会在一定程度上遏制竞争情报方的信息源选择行为；反之，则会加剧竞争情报方信息源选择的冲动。供应链信息源的安全防护水平一方面取决于供应链集成化信息系统的网络安全防护能力，另一方面取决于供应链各节点企业在人际情报网络信息安全防护工作的重视程度。

3. 可获取性是信息源选择的重要条件

对竞争情报方来说，信息源的可获取性意味着能否将供应链系统的信息资产据为己有。信息源的可获取性低预示着很难据为己有，反之则相对容易。信息源的可获取性取决于信息源获取所需的时间成本、空间阻隔、网络便利、社会资本等。当信息源获取所需的时间成本低时，竞争情报方会倾向于从该信息源收集信息；当空间阻隔程度低时，一些通过人际情报网络获取信息的路径可能被利用；当网络便利化程度高时，竞争情报方甚至不费周折就可轻易获取情报；而当竞争情报方与供应链系统的特定节点的相关管理人员间具有较高的社会资本时，更容易从信息源获取信息。

4. 任务的急迫性是信息源选择的重要驱动因素

任务的急迫性程度的高低决定了信息源选择驱动力的强弱。当获取信息源特定信息的任务十分急迫时，竞争情报方就会想方设法获取信息源的信息；反之，竞争情报方获取信息源的信息的动力就会减弱。任务的急迫性可能源于信息源特定信息之于竞争情报方的关键性、时效性、重要性甚至是唯一性。任务的急迫性将使得竞争情报方不计成本开展竞争情报工作，这对供应链系统来说威胁性将急剧上升。

5. 行业环境是信息源选择的外部动态因素

信息源选择受到外部动态因素的影响，行业环境是一个重要的因素。当竞争情报方面临的行业环境恶化，竞争加剧，其竞争情报工作重要性将上升。行业环境的恶化最直接的原因是行业竞争对手的竞争优势愈加明显，原有的行业生态遭到破坏。竞争情报方要想突出重围，唯有加快自己的竞争情报工作。

第二节　大数据时代供应链信息源定位工作的重要性

供应链运行中产生了大量信息，这些信息既可以被用于供应链整体的大数据分析，旨在服务于供应链战略决策、网络设计以及敏捷性与可持续性等方面，又可以用于供应链运行过程中的大数据分析，目的在于使供应链需求计划、采购、生产、存货、运输与配送等具体作业更加的科学化、合理化。对于供应链竞争情报方而言，开展供应链信息源定位工作，将有助于竞争情报方掌握供应链系统信息安全的薄弱环节，精准开展竞争情报工作、相对容易和及时获取供应链系统的重要信息，把握供应链系统的整体战略布局、了解供应链系统的具体业务安排，从而在与供应链系统的竞争中赢得主动。但是，对于供应链系统来讲，加强供应链关键信息源的防护，反制竞争情报方的情报工作，对于保障供应链信息安全十分重要。因此，对于供应链竞争情报和反竞争情报双方来说，开展供应链信息源的定位研究都十分重要。

一、掌握供应链系统信息安全的薄弱环节

掌握供应链系统信息安全的薄弱环节，既是供应链信息源定位工作的重点内容，更是供应链信息源定位工作的目标所在。那么，如何才能掌握供应链系统信息安全的薄弱环节？一般认为，供应链系统的每一个节点都可能成为信息安全的薄弱环节，关键的问题在于这些节点有没有做好信息安全防护工作。

1. 供应链各节点企业的信息基础设施架构是否执行统一规划

供应链各节点企业的信息基础设施架构应执行统一规划且遵循相同的严格标准。信息基础设施架构涉及数据中心、基础构架、安全与管理、网络与链路、用户终端等部分。数据中心旨在为信息系统运行提供良好的物理运行环境，重点放在数据中心机房的建设标准上；基础构架包括部署的服务器技术类型以及实现与应用系统部署相对应的、可共享、易扩展的服务器后台资源两个部分；安全与管理旨在制订大数据、云计算框架下的信息安全管理原则以及工作内容；网络与链路主要考察是否建成匹配应用系统及数据中心分布的网络构架，实现主干网的冗余性，提升网络流量负载均衡能力，统一对外公网出口以增强安全性；用户终端主要在于整合客户端硬件、软件的统一管理。对于供应链竞争情报方而言，上述供应链系统信息基础设施架构的5个方面是否严格按照规范的标准建设、是否体现系统的先进性、各部分是否实现有效地配合，将决定其是否投入更多的资源寻求突破的关键。

2. 供应链各节点企业是否制订有书面的安全指南和控制措施

书面的安全指南和控制措施是应对网络安全攻击的基础性文件和操作规程，主要包括安全方针、信息安全组织、资产管理、人力资源安全、物理和环境安全、通信和操作管理、访问控制、信息系统获取、开发和维护以及符合

性等内容。供应链核心节点企业可以要求各参与方及时通告其内部所有安全事件，并定期提交安全报告以确定其网络安全状态，以便及时掌握各类攻击漏洞的可能性以及攻击可能造成信息资产的损失情况。对于供应链竞争情报方而言，供应链各节点企业是否制订有书面的安全指南和控制措施，是否严格执行安全指南和控制措施，是判断其是否开展竞争情报工作的关键。

3. 供应链各节点企业是否对员工和合作伙伴进行最佳安全实践培训/分享

企业员工和合作伙伴的泄密往往并非有意为之，很大可能在无意之间发生。其原因可能是由于自身对信息技术掌握不够，人为的操作失误给了竞争情报方以可乘之机。虽然信息技术至关重要，但人为失误仍然是造成当前数据泄露的头号原因。据 Verizon 2018 年的一份《数据泄露调查报告》(DBIR)显示，当年 25%的攻击都是内部人所致，主要是求财、找情报，或者就是一时疏忽或误操作了。而 IBM2019 年的《网络安全情报索引》显示，95%的安全事件都是人为失误造成，从点击链接、钓鱼邮件到浏览不良网站等不同来源感染病毒，进而成为其他高级持续性威胁(APT)的攻击对象。因此，企业需要对所有员工尤其是关键岗位的员工进行最佳信息安全实践培训，以帮助他们更好地识别潜在攻击。此外，安全培训项目应持续更新内容，尤其要注意针对防范网络泄密的培训，从而增强员工信息安全意识和应用信息技术的能力。对于供应链竞争情报方而言，供应链各节点企业是否对员工和合作伙伴进行最佳安全实践培训和分享，是其是否开展竞争情报工作的又一判断指标。

4. 供应链各节点企业是否对员工和合作伙伴进行道德与法律教育

客观来说，供应链各节点企业员工和合作伙伴的道德水平和法律意识参差不齐，对他们进行道德教育和普法教育是必要的。在当今这一逐利日盛的社会环境之下，部分职场人士的职业道德水平较低下，那么在道德教育和普法教育方面，一味地正面说教效果会大打折扣，必要的反面的教育典型不可少，只有在足够的警示效应和惩戒威慑下，人们才会真正的尊重规则和遵守契约。对于供应链竞争情报方而言，对员工和合作伙伴的道德教育和普法教育不够的供应链系统，可以成为其开展竞争情报工作的切入点。

5. 供应链信息安全漏洞能否及时发现并加以补救

供应链各节点企业及合作伙伴在信息安全防护方面的能力有高低之分。一般来讲，核心节点企业的信息安全防护能力强，非核心节点企业的信息安全防护能力弱；供应链各节点企业的信息安全防护能力强，合作伙伴的信息安全防护能力弱。因此，供应链核心节点企业需要常态化地对非核心节点企业和合作伙伴的信息安全防护工作加以巡查，及时发现可能的信息安全漏洞并加以处置。对于供应链竞争情报方而言，供应链信息安全漏洞能否及时发现并加以补救是其是否开展竞争情报工作的一个重要原因。

二、及时获取供应链系统的重要信息

竞争情报方及时获取供应链系统的重要信息，便可以对自身的发展战略作出适当的调整，在竞争中赢得主动。那么，供应链系统重要信息的构成情况如何？这些重要信息又是如何影响供应链系统的运行的？竞争情报方在获取这些重要信息后又将作出怎样的调整？诸如此类的问题反竞争情报方有必要作相应的分析。

1. 供应链系统战略层面的重要信息

(1)供应链集成与战略伙伴信息

供应链集成是一项系统工程，需要借助信息、制造和现代管理技术，将供应链系统各节点的人、技术、经营管理三要素有机地集成并优化运行。通过商流、物流、资金流和信息流，将供应链系统内外部有机地集成起来进行管理，达到全局动态最优目标，以适应在新的竞争环境下市场对生产和管理过程提出的高质量、高柔性和低成本的要求。供应链集成涉及供应链战略伙伴间不同层次、不同类型、不同作业间的系统集成，必然带来供应链系统商流、物流、资金流和信息流的优化与重整。因此，了解供立链集成与战略伙伴信息，对于竞争情报方把握供应链系统的关键问题，了解供应链系统战略层面的重要信息起到关键和引领作用。

(2)运输与配送战略信息

运输与配送战略在供应链系统管理中也非常关键。运输与配送战略信息涉及运输管理信息系统和配送管理信息系统这样两个既有区别又紧密联系的组成部分。供应链系统运输与配送战略信息涉及关键技术要素信息和关键实施要素信息两方面。其中,关键技术要素信息包括货物追踪系统技术、实物单元表示采集技术、互联网应用平台技术、数据库技术及方案优化技术等,关键实施要素信息包括智能交通系统、物流公共信息平台、货运交易系统以及企业开发与实施策略等。对于竞争情报方来说,通过分析供应链系统运输与配送战略信息,可以推断出该系统是采用直接转运战略、经典配送战略还是直接运输战略?该系统的区域配送中心或转运点是如何设置的?哪种运输与配送方式更适合供应链中大多数的节点企业?该系统的运输与配送效率如何?进而可以得出该系统可能的短板或漏洞。

(3)配送网络信息

供应链系统的物流服务是由配送提供的,满足顾客对物流服务的需求是配送的前提。为了更好地满足顾客的需求,有必要建立高效的配送网络。经由供应链系统的配送网络,供应链系统的一个或几个制造工厂生产的产品可以满足一组或几组在地理位置上分散的渠道商。配送网络信息反映的是特定的需求模式,当特定的需求模式发生改变或外在条件发生变化后,将会引起配送网络的适应性调整。对于竞争情报方来说,通过分析配送网络信息及其变化,可以准确把握配送网络的结构及其组成,以及由于现有的几个仓库租赁合同的终止或渠道商的数量发生增减变化等原因引起的配送网络信息的改变。

(4)库存控制信息

库存控制是仓储管理的一个重要组成部分。它是在保证企业生产经营、满足顾客需求服务要求的前提下,通过对企业的库存水平进行控制,力求使库存量经常保持在合理的水平上,通过精准订货从而避免超储或缺货、通过减少库存占用从而降低库存总费用、通过减少库存资金占用从而加速资金周转等措施作用的发挥，提高供应链系统物流作业的效率，进而达到提高供应链系统整体的市场竞争力。库存控制相关的信息涉及：一个终端渠道对某一特定产品持有的库存量，终端渠道的订货量的预测值、终端渠道的库存周转率、终端渠道订购一批次产品的时间节点，最小化库存订购和保管成本，应订的产品量，等等。对于竞争情报方来说，通过分析库存控制信息就可以分析该供应链系统整体的仓储管理情况，推算该供应链系统库存管理水平以及物流作业的效率。

(5)产品设计信息

产品设计是在产品策略的指导下，系统谋划产品的外观、结构，明确其功能，从而决定整个生产系统的布局，因而，产品设计具有“牵一发而动全身”的重要作用。有效的产品设计在供应链管理中同样起着至关重要的作用。例如，什么时候推出全新的产品设计，什么时候采用新的产品设计能够带来物流成本的降低或供应周期的缩短，产品设计是否足以应对顾客需求的变动性和不确定性，新的产品设计推出供应链系统是否需要优化等。因此，产品设计已经超出了推出新产品的范畴，与供应链系统的优化整合密切相关，最终将影响供应链系统的竞争力。对于竞争情报方来说，通过供应链产品设计信息的分析，可以了解供应链系统产品的生命周期、物流系统的运转状况、供应链产品设计效率等关键信息。

(6)信息技术和决策支持系统信息

供应链管理包括信息流管理在内，通过供应链中供给和需求信息的传递以及管理信息的准确提供，可以使供应链各节点企业都能得到实时的信息，便于协调一致地开展工作，从而更好地为最终客户服务。供应链信息流管理离不开信息技术的支撑，信息技术是促成有效供应链信息流管理的关键因素，对于整个供应链的高效运转极为重要。供应链信息流管理涉及供需信息通过什么渠道、借助什么手段、使用什么方法传递，传递的数据运用何种工具、采用何种方法进行分析，决策支持系统中的数据、模型和知识，调用的各种信息资源和分析工具，信息技术和决策支持系统对于企业获得市场竞争优势的工具作用如何，等等。对于竞争情报方来说，通过供应链系统的信息技术和决策支持系统信息的分析，了解供应链系统信息流管理的水平，分析信息的收集、存储、分析和利用中可能存在的薄弱环节。

(7)顾客价值的评估信息

顾客价值是顾客对特定使用情景下有助于(或有碍于)实现自己目标和目的的产品属性、这些属性的实效以及使用的结果所感知的偏好与评价。该定义强调顾客价值来源于顾客通过学习得到的感知、偏好和评价，并将产品、使用情景和潜在的顾客所经历的相关结果相联系。通过对顾客价值链的分析，有些价值因素相比之下可能会带来更大的利润。对于竞争情报方来说，通过了解供应链系统的顾客价值评估信息，把握供应链系统的关键价值因素，并研判该供应链系统的核心竞争力所在。

2. 供应链系统业务层面的重要信息

(1)库存信息。库存以原材料、在制品、半成品、成品的形式存在于供应链的各个节点。由于库存费用占库存物品费用的20%～40%，因此，了解供应链的库存信息十分重要。通过供应链库存信息可以推断出供应链系统的生产运行机制，供应链库存策略，供应链库存管理水平以及供应链系统各节点的库存信息共享水平。

(2)客户服务信息。客户服务是为供应链系统带来竞争优势和价值增值并能使最终用户总价值最大化的活动。供应链管理是建立在客户服务基础之上的，客户服务工作做得越好，供应链管理的水平就越高。供应链系统客户服务水平受产品可得性、订货周期时间、物流系统灵活性、物流系统信息、物流系统故障、售后产品支持等方面因素的影响。因此，通过供应链系统客户服务信息的分析，可以总体把握供应链系统产品供应、产品订货、物流服务、售后产品支持等方面的工作情况。

(3)订单信息。订单是在明确时间、地点和交货方式的前提下，一方向另一方提供多少数量的某种商品或者服务的凭证，订单有采购订单、生产订单、销售订单和特殊订单之分。一般而言，供应链下游节点企业或最终客户对上游节点企业或零售商的订单执行情况是很难掌握的，因而当上游节点企业或零售商的订单执行延迟时，会造成下游节点企业或最终客户的损失。

所以，及时得知订单的生产状态，可以对供应链运作过程中出现的问题作出快速反应，提高供应链企业的决策效率。

(4)生产信息。供应链上任何节点企业的生产决策都会影响供应链其他节点企业的运作管理行为。供应链节点企业的生产计划不但要考虑节点企业内部的业务流程，而且要从供应链整体出发进行系统的优化控制，因为供应链下游节点企业需要依据上游供应商的生产来决定自己的库存、生产和销售计划。因此，供应链节点企业的生产信息共享，是消除供应链上各个企业生产的盲目性和无计划性、降低供应链成本的关键。

(5)产品信息。供应链产品信息不局限于具体产品的生产过程，如生产企业内的设备布局、工艺流程等，还包括产品的物理流动，主要涉及采购、生产、仓储、运输等。共享产品信息是供应链快速响应的基础，是上下游企业建立供需关系的桥梁。只有建立顺畅的产品信息共享渠道和良好的产品信息共享机制，才能使供应链上的企业得到最大限度的满足并建立起密切的合作关系。

(6)物流信息。供应链物流包括企业内部的生产活动在内的、供应链范围内企业之间的物料转移活动。高效率物流是供应链运作的重要因素之一，敏捷而高效的供应链物流系统对于提升企业竞争力至关重要。因此将物流信息纳入供应链管理中，可以使供应链各节点企业间的物料得到充分的利用，保证供应链实时的物料供应、同步化的运作。

三、把握供应链系统的整体战略布局

供应链系统的整体战略布局是根据需求波动、配送时间、产品种类、产品需求量和产品的生命周期来确定的。供应链战略规定了供应链运作、分销和服务的方针、策略，具体包括成本领先战略、产品差异化战略和融合战略。

1. 成本领先战略

供应链成本领先战略是供应链核心节点企业以信息技术为依托，对供应链系统中的非核心节点企业的作业流程进行引导和控制，使原材料能够以最快的速度，最高效的利用率，通过生产、储运、分销环节变成终端产品送到消费者手中，从而实现供应链系统的高效率和低成本的目标。采用成本领先战略的供应链一般必然地要求该供应链就是成本领先者，而不只是争夺这个位置的若干供应链中的一员。

尽管一个成本领先的供应链系统通过削减成本从而降低价格等低成本变量，实现其成本上的领先地位来取得竞争优势的，而它要成为经济效益高于平均水平的超群者，则必须与其他供应链展开竞争，在产品差异化的基础上取得的价值相等或价值近似的有利地位。产品差异化基础上的价值相等使成本领先的供应链系统得以将其成本优势直接转化为高于竞争供应链的利润；产品差异化基础上的价值近似意味着为取得令人满意的市场占有率所必需的降低幅度还不至于冲销成本领先供应链的成本优势，因此，成本领先供应链能赚取高于平均水平的收益。

2. 产品差异化战略

供应链产品差异化战略通过采取扩充产品类型、功能、提高产品和服务质量等差异化变量，从产品质量、款式等方面实现差别，寻求产品的与众不同的特征。对同一行业的竞争对手来说，产品的核心价值是基本相同的，所不同的是在性能和质量上。敏捷供应链最适合提供独一无二的产品和服务给特定需求的顾客的差异化战略系统，它通过更快的反应速度以满足迅速变化的顾客要求。

从理论上分析，精益生产的核心思想强调的是整合各要素以减低成本，并保持在行业和市场中低成本的地位；与此同时，追求差异化战略的供应链尽管其战略目标是向顾客提供独一无二的产品或者服务，但也会保持精益生产。但是差异化的供应链保持精益生产的目的是提高经营的效率而不是追求最低成本，当差异化与成本之间出现冲突时，该供应链会选择差异化。

3. 供应链融合战略

供应链融合战略是采用成本领先战略和产品差异化战略的任意组

合的战略。由于供应链系统高度的集成性使得大规模定制成为可能，供应链系统比单个企业更有可能同时获得成本领先和差异化利益，为终端顾客创造更大的价值成为可能。随着信息网络技术和现代物流运输配送技术的广泛使用，供应链系统的商流、物流、资金流、信息流将日益发达，供应链系统的快速响应能力不断提升，其服务大规模定制和个性化生产能力不断提高，供应链系统在产品开发、设计、制造等方面的高度集成化，极大地增加了供应链系统生产的柔性、敏捷性和适应性，更好地适应了终端客户的不同需求。同时，供应链系统在产品开发、设计、制造等方面的成本将会降低，准时制生产带来了物料的最大化节约，现代仓储管理水平的提高极大地降低了库存成本，而现代物流的高效率则带来了运输与配送成本的下降。总之，供应链融合战略保证了低成本和产品差异化的实现。

通过把握供应链系统的整体战略布局，深入分析供应链系统实施的成本领先战略、产品差异化战略和融合战略的基本信息，了解该供应链运作、分销和服务的方针、策略，调整自身的整体战略布局，竞争情报方就可以在竞争中赢得主动。

四、了解供应链系统的具体业务流程

供应链系统是连通供应商、制造商、分销商直到最终客户的一个整体的功能网链结构。供应链系统的具体业务流程通常是在供应链核心企业的帮助下设计和再造的，具有信息共享性、客户中心性、高度集成性以及并联性等特点。了解供应链系统的具体业务流程实际上是对供应链系统相应的软件系统和组织系统运行信息的掌握。供应链软件系统是为支持供应链业务流程而开发的软件，具有跨平台性以及易移植性的特点；供应链组织系统是为保证供应链流程而建立起来的涉及供应商、制造商、分销商直到最终客户的跨企业的复杂网络组织结构。就竞争情报方而言，了解供应链系统的具体业务流程，实质在于了解供应链系统的软件系统和组织系统运行中存在的问题，尤其是找到系统漏洞。

第三节　大数据时代供应链信息源定位方法的比较分析

准确定位供应链系统中的信息源，就可以掌握供应链系统信息安全的薄弱环节，及时获取供应链系统的重要信息，把握供应链系统的整体战略布局，了解供应链系统的具体业务流程，无论对于竞争情报方还是反竞争情报方都极为重要。要做到信息源的精准定位，科学的信息源定位方法是关键。从现有的文献研究来看，信息源定位大体涉及四种定位方法：一是基于网络传播快照的信息源定位方法；二是基于观察点的信息源定位方法；三是基于部分传播路径的信息源定位方法；四是基于主题的信息源定位方法。这些方法在路经选择上有着各自的优缺点，在定位精准度上也有所差异。

一、基于网络传播快照的信息源定位方法

Prakash 等人针对易感染病毒传播模型（SI 模型）提出一种基于最小描述长度的定位方法，能够自动地确定传播源点的数目，并识别网络中的多个传播源点。Comin C H 和 Costa L F 给出了基于度、介数、紧密度和特征向量等拓扑度量的传播源点定位算法，由于源节点多数趋向于具有最高的中心度，因此这种方法对于雪球传播模型非常有效。Zhu K 和 Ying L 采用样本路径方法，寻找最有可能形成网络快照中样本路径的根节点作为信息源点。虽然基于网络快照的定位方法具有不错的定位精度，但其需要获取网络全部节点的传播状态，对于供应链网络系统这类大规模网络，准确定位信息源点很难实现。

二、基于观察点的信息源定位方法

基于部署观察点的信息源定位方法是通过在网络中部署少量观察点，通过观察点记录其传播过程数据，并以此计算网络中节点为信息源的最大

似然估计值，得到信息源。这类方法只需要观测网络中的少部分节点，即观察点，占用网络资源很少，对在线社交网络具有较强的适用性。张聿博等认为，对于一个指定信息源，观察点间最短路径的差值越大，该点的理论传播延迟与实际传播延迟的相似度就越高。在分析网络中观察点部署位置与指定信息源定位准确率的关系后，指出随着信息源到观察点的距离差之和增加，对该信息源的定位准确率增大。张聿博等面向社交网络信息源定位的观察点部署方法的研究，得出了在网络中观察点位置与定位准确率之间的关系——采用高度数优先选取策略选出的观察点，其定位准确率高于随机选取策略；并以此为基础，提出了一种基于 r 覆盖率优先的观察点部署策略优化方法；以观察点集合的 r 覆盖率作为优化算法的目标函数，得到观察点的优化部署方案。

但是，这种基于观察点的信息源定位方法，只考虑了网络中节点只能记录与其直接相关的传播信息(包括接收消息的时间、传入方向等)的情况，通过这些信息很难了解消息的真实传播过程。首先，定位准确率直接取决于网络拓扑结构和观察点部署方法。但是，现有工作尚未对这三者之间的关系进行系统分析，也没有明确的结论。其次，现有的观察点部署方法都是从节点的中心性出发，考虑了单个节点在网络中的重要性。但在定位计算过程中，观察点集是一个整体。因此，为了得到最优的观察点集，应该从整体的角度进行部署。再次，在实际应用中，经常会出现网络中有多个扩散源的情况。此时，基于观察点的扩散源定位方法，既不能确定扩散源点的数量，又不能区分扩散源点的传播范围，无法准确定位。

三、基于部分传播路径的信息源定位方法

基于部分传播路径的信息源定位算法，与现有的基于观察点的定位方法不同，该方法考虑观察点所收到信息中附加的部分传播路径，并以此重构传播过程，筛选可能的信息源点，从而准确定位信息传播源点。具体做法是，当从潜在源点构造广度优先树时，如果遍历到记录了部分传播路径的观察点时，首先判断观察点记录的接收信息节点方向与生成树中待连接的父

节点是否为同一节点，然后判断从树根节点到当前待加入节点的路径是否与部分传播路径完全一致。如果不一致，则需从路径不一致的起始处选择其他路径构建生成树路径，直到符合观察点记录的路径信息为止。如果某一潜在源点无法构建出符合要求的生成树，则将该节点排除，不再进行似然估计值计算。该算法思路在大规模网络上进行实验，结果表明，利用部分传播路径可以有效地提高定位准确率。一些在线社交网络中，由于用户间存在信息互动，信息在传播的过程中可能会附加上一些与该信息传播过程有关的附加内容，可以通过用户转发信息时附加的评论，获取到部分传播路径。充分利用这些路径数据，可以更真实地重现信息的扩散过程，对定位计算有极大帮助。

四、基于主题的信息源定位方法

邓厚平等提出了一种主题信息源发现方法，将主题信息源发现转化为网站主题分类问题，并利用站外链接发现新的信息源。从网站中提取出能反映网站主题的内容特征词和结构特征词，建立描述网站主题的改进的向量空间模型，通过类中心向量法与 SVM 相结合对网站主题进行分类。刘少俊和方延风根据研究目的收集网络信息源网址，使用网络爬虫对收集到的信息源进行整站爬取，对爬取的网页信息进行过滤和文本抽取，将抽取的文本与爬取的相关信息保存到文档数据库和搜索引擎中。在获取到一定数据量后，对所获文本利用主题模型进行主题抽取，然后对这些主题结合信息源信息进行可视化分析。王吉林等人将网页信息抽取的任务由服务器端转移到客户端，充分利用网页设计模版的结构化、层次化特点，通过对网页进行爬取、净化和处理，转化成 XML 文档，然后根据 XPath 定位主题信息，抽取出该主题信息。许焱等提出了一种基于多 Web 信息源的主题概念网络获取方法，它以 Wikipedia 的分类系统为基础，同时利用搜索引擎收集相关的 Web 信息作为关联性知识验证和发现的参照系，并通过集成信息检索和自然语言处理等领域的方法，实现了以给定的主题词为核心，在 Wikipedia 分类系统对应的概念网络中获取面向该主题的概念网络，同时网络内的概念间关系得到识别和标注。欧阳柳波等提出一种基于 DIV 标签树的网页主题信息抽取方法，首先根据 DIV 标签把 HTML 文档解析成 DIV 森林，然后过滤掉 DIV 标签树中的噪声结点并且建立 STU - DIV 模型树，最后通过主题相关度分析和剪枝算法，剪掉与主题信息无关的 DIV 标签树。王征清等针对网络上各种不同类型的信息资源，设计了一个基于 Multi - Agent 的面向特定主题领域的网络信息采集系统结构模型，采取不同的信息采集策略，完成高效的信息采集任务。

上述基于应用主题特征和网站主题特征分类方法，借助爬虫技术，对信息源加以研究，可能存在改进网站主题特征模型和网站主题分类算法、新的统计模型引入等问题；基于多 Web 信息源的主题概念网络获取方法更多考虑的是主题概念节点和其他概念节点之间的统计相关性，没有考虑网络中两两邻接概念节点间的依赖性；基于 DIV 标签树的网页主题信息抽取方法存在主题相关度阈值 m 取值相对固定的问题，如果阈值 m 取值不合理，将会影响主题信息抽取的准确性，因此，进一步提高阈值自动调节性能将是研究的未来方向；基于 Multi - Agent 的面向特定主题领域的网络信息采集系统结构模型同样需要信息过滤 Agent 通过阈值的设定对网页与主题相关度的大小进行判断，如果阈值设定不科学，将导致关键网页不符合系统的精确度要求，进而无法将该网页提供给用户。

第四节　供应链信息源定位方法与竞争情报方选择的关联分析

1983 年，Dervin 的“意义构建”理论与模型指出，人类的信息寻求是一种主观构建活动，信息搜寻过程是一串互动的、解决问题的过程，搜寻者在所处情境中不断构建意义(Construct Sense)和制造意义。因此，在供应链信息源定位工作中，竞争情报方选择何种定位方法不仅取决于自身对于信息源的权威性与可获得性的判断，而且取决于自身主观“意义构建”的不断变化。

从某种意义上说，竞争情报方信息源定位方法的选择是一个过程，即在一种持续不断的思维变化过程中动态选择的过程，它可能是上述四种定位方法的一种，更有可能是这四种定位方法的组合。

一、竞争情报方选择基于网络传播快照的信息源定位方法的条件

1. 掌握网络全部节点的传播状态

基于网络传播快照的信息源定位方法是通过已知的网络快照来确定网络中的多个传播源点，因此，网络快照应尽可能覆盖整个网络系统，这就要求竞争情报方能够掌握网络全部节点的传播状态，及时分析从每个节点传播出的信息，采用最小描述长度原则识别传播源集合和信息传播的路径，得到简化的网络信息传播子图。然后，识别给出快照中的可能传播源集合。对于这些可能传播源，基于最大似然估计的方法对信息的传播路径进行优化，并得到可能性最大的节点集，即为信息源节点集。

2. 获取大量的动态传播信息

基于网络传播快照的信息源定位方法可以对信息源进行有效的定位，但需要以获取扩散过程中的大量动态传播信息为前提，如网络系统中全部节点首次传播的特定信息、多次网络快照的特定信息、网络节点间的传播交互特定信息的概率等。对于供应链系统这样庞大的网络规模来说，获取大量的动态传播信息难度很大。因此，基于网络传播快照的信息源定位方法在供应链系统信息源定位方面应用的难度是非常大的。

3. 具有信息源定位的大量资源

基于网络传播快照的信息源定位方法要求多次获取信息传播各阶段的网络快照，这需要消耗大量资源。首先，网络快照就是搜索引擎当时的类似截图的一个记录，因此，追踪特定信息，就需要使用搜索引擎在因特网上搜索包含该信息的网页，以获取该信息传播经历的所有节点的网络快照；其次，搜索方需要获得供应链系统所有节点的统一资源定位符（Uniform Resource Locator，URL）。URL 是对可以从互联网上得到的资源的位置和

访问方法的一种简洁的表示，是互联网上标准资源的地址；再者，搜索者需要将从互联网上获取的每个具有唯一的 URL 文件与特定的网络节点相匹配，而包含特定信息的众多 URL 文件将会与多个网络节点相匹配。基于网络传播快照的信息源定位方法涉及上述三方面的具体工作无疑需要投入信息搜索者大量的资源才能完成好。

4. 找寻样本路径的根节点

基于网络传播快照的信息源定位方法的目标在于找寻样本路径的根节点，这也是网络系统的信息源所在。刘茜等提出空间优化的交互方法，根据信息的几何布局进行变形，在放大焦点区域的同时，更好地保存全局效果，实现在大规模信息布局中兼顾焦点与上下文信息的显示这一特点。朱红灿和龙朝阳提出，为了减少或根除新闻网站中大量非主题信息的干扰，提出一种新闻网页抽取方法，采用基于熵的计算和 DOM 树的知识，从新闻网页中抽取主题文档和相关链接。ZHU K 和 YING L 采用样本路径方法，寻找最有可能形成网络快照中样本路径的根节点作为信息源点。

二、竞争情报方选择基于观察点的信息源定位方法的条件

1. 了解供应链网络拓扑结构

信息源定位的准确率直接取决于供应链网络的拓扑结构。供应链系统是由供应商、制造商、分销商、零售商等子系统构成的非同质的、层次结构明显的复杂巨系统。于鲲鹏等基于节点收缩法计算拓扑结构节点的重要度，通过分析收缩前后网络凝聚度的变化，获得了网络物理节点重要度。供应链系统的非同质的、层次结构明显的网络结构意味着其并非一个均匀的网络，网络中一定存在关键节点，这些关键节点在整个供应链系统中起着重要作用。如 Christian Kuhnert 发现城市的物资供应网络服从无标度分布，即都有少数的核心节点，发挥重要的物资调度和配送作用。

2. 少量观察点的部署

信息源定位的准确率除了取决于网络拓扑结构外，观察点部署方法同

样十分关键。如前所述,供应链系统中存在少数核心节点,那么,观察点的部署则应该落实到这些少数节点上。一般而言,少量观察点的部署重点放在供应链系统主要的供应商、制造商、分销商和零售商,因为它们往往就是供应链系统每个关键层次的核心节点。现有的观察点部署方法都是从节点的中心性出发,考虑了单个节点在网络中的重要性。但在定位计算过程中,观察点集是一个整体。因此,为了得到最优的观察点集,应该从整体的角度进行部署。

3. 传播过程数据记录

信息源定位是建立在对记录的传播过程数据分析基础上的。数据的传播过程涉及数据的传播者、数据的接受者、传播的数据内容、传播媒介等要素。由于数据传播过程客观存在的信息失真现象,比对传播链上下两个节点的数据信息,可以容易判断数据的发送方和数据的接收方。通过传播过程数据记录的分析,可以追根溯源,找到最初的数据传播者、最初的数据接受者、传播的原始数据内容以及采用的传播媒介。由于供应链系统供给信息和需求信息的差异性,这在客观上帮助数据分析方判断传播数据的性质,进而进行数据的溯源工作。

4. 考虑多个扩散源

在供应链这一复杂巨系统中,不仅存在整个系统的核心节点企业,而且在每个关键层次上同样存在起关键作用的核心节点。这些关键层次上的核心节点企业与供应链整个系统的核心节点企业构成连通整条供应链系统的中轴,这条中轴上传输的信息往往对于保障供应链系统的运行具有十分重要的作用。因此,这些关键层次上的核心节点企业与供应链整个系统的核心节点企业就构成了供应链系统的多个信息的扩散源。在实际应用中,基于观察点的扩散源定位方法,既不能确定扩散源点的数量,又不能区分扩散源点的传播范围,给信息源的定位工作带来困难。此时,把各个关键层次上的核心节点企业(包括供应链整个系统的核心节点企业)都列为潜在的信息扩散源,将显著降低信息源定位工作的业务量,为信息源的精准定位奠定了坚实的基础。

三、竞争情报方选择基于部分传播路径的信息源定位方法的条件

1. 存在记录部分传播路径的观察点

基于部分传播路径的信息源定位算法考虑观察点所收到信息中附加的部分传播路径，即供应链节点企业间存在信息互动，信息在传播的过程中可能会附加一些与该信息传播过程有关的附加内容，由此可以获取到部分传播路径。充分利用这些部分传播路径数据，可以更真实地重现信息的扩散过程，对定位计算有极大帮助。例如，某一部分传播路径中首次出现了关键信息，对比相邻两个观察点间的关系，就大体可以判断此关键信息的传播者。如果把所有记录部分传播路径的观察点连通起来，则可以大致得出关键信息的信息源所在。

2. 重构传播过程

在得到部分传播路径后，首先判断观察点记录的接收信息节点方向与生成树中待连接的父节点是否为同一节点，然后判断从树根节点到当前待加入节点的路径是否与部分传播路径完全一致。如果不一致，则需从路径不一致的起始处选择其他路径构建生成树路径，直到符合观察点记录的路径信息为止。具体应用上，可选择包括部分传播路径的另一观察点重构传播过程，直到确认生成树中连接的父节点为止。

3. 潜在源点的保留与删除

潜在源点的保留与删除取决于该源点能否构建出符合要求的生成树。如果某一潜在源点无法构建出符合要求的生成树，则将该源点删除，不再进行似然估计值计算。如果某一潜在源点可以参与构建出符合要求的生成树，则将该源点保留，进而进行似然估计值计算。通过潜在源点的保留与删除，降低了潜在源点的数量，从而使信息源点的溯源工作效率得到显著的提高。如果删除的潜在源点正好处在供应链关键核心节点所在的中轴上，则可以迅速而有效地提高信息源定位准确率。

四、竞争情报方选择基于主题的信息源定位方法的条件

1. 节点主题信息的提取

从供应链节点网站中提取出能反映该网站主题的内容特征词和结构特征词，可以倒推出该网站的主题信息源。提取网站主题信息的方式有多种，如使用网络爬虫收集网页信息、基于多 Web 信息源的主题概念网络获取方法、基于 DIV 标签树的网页主题信息抽取方法、基于 Multi - Agent 的面向特定主题领域的网络信息采集方法等。通过比较供应链相邻网络节点主题信息的变化，确定信息源的溯源方向，进而追踪到信息源。

2. 主题相关度阈值 m 取值的合理性

一般来说，指定的阈值越大，爬虫爬取的 URL 与主题密切度越大，但爬取到的相关网页的数量较少；若指定的阈值较小，则爬虫程序能够爬取到大量的网页，不乏其中有与主题相关度较小的网页。蒋宗礼等基于最小化加权错误原则选取阈值，即选取误分类训练例权重和最小的作为相似度阈值，提高了下载网页的主题相关度及质量。徐杨等提出了基于两步向量空间模型的主题爬虫策略。同时考虑了待爬取页面的主题相关度以及待爬取页面所包含的 URL 的主题相关度，通过对多一步的页面相关度分析可以减小恶意 URL 对主题相关度的“贡献”，同时也有利于解决当前页面低于主题相关度阈值，但经过子 URL 后进入一个高主题相关度的页面的“隧道现象”，防止相关页面的丢失。Wang Junhua 等认为，根据统计学规律，当阈值取 0.37（最佳阈值）时，能够搜集到大量的主题资源，命中率较为理想，因此阈值一般采用 0.37。基于 DIV 标签树的网页主题信息抽取方法存在主题相关度阈值 m 取值相对固定的问题，如果阈值 m 取值不合理，将会影响主题信息抽取的准确性。总之，进一步提高主题相关度阈值 m 取值的合理性将是未来研究的重点所在。

3. 考虑供应链网络中两两邻接概念节点间的依赖性

尽管供应链系统是一个复杂的巨系统，但是供应链系统又是一个集商

流、物流、资金流和信息流等“四流”有序流动的一个规则系统，因此，供应链网络中两两邻接概念节点间客观上是存在依赖性的。现有研究基于多 Web 信息源的主题概念网络获取方法更多考虑的是主题概念节点和其他概念节点之间的统计相关性，没有考虑网络中两两邻接概念节点间的依赖性，这不符合供应链网络系统的实际状况。供应链网络中两两邻接概念节点间的依赖性主要体现在如下三个方面：首先，供需身份的依赖性，两两邻接概念节点间本质上是供方与需方的关系；其次，特定信息的依赖性，两两邻接概念节点间围绕供需业务开展的信息交流；再者，快速响应的依赖性，两两邻接概念节点的密切协作保证了供应链系统的整体快速响应性。供应链网络中两两邻接概念节点间的依赖性决定了尽管邻接概念节点间也存在信息的过滤现象，但是仍然给主题信息源的定位提供了可追溯的具有某种程度依赖性的信息。

本章小结

本章从供应链信息源的表现形式与性质，供应链信息源呈现出的新发展、新变化与新挑战，供应链信息源选择面临的新情况、新问题等方面对大数据时代供应链信息源进行了概述。从掌握供应链系统信息安全的薄弱环节、及时获取供应链系统的重要信息、把握供应链系统的整体战略布局、了解供应链系统的具体业务流程等四个方面阐述了大数据时代供应链信息源定位工作的重要性；对现有大数据时代供应链信息源定位的基于网络传播快照的信息源定位方法、基于观察点的信息源定位方法、基于部分传播路径的信息源定位方法，以及基于主题的信息源定位方法等四种方法进行了较为深入的比较分析，理清了各自的优缺点。开展了供应链信息源定位方法与竞争情报方选择的关联分析，明确了竞争情报方在选择上述四种信息源定位方法的具体条件，为供应链信息源定位方法的选择提供了理论上的指导。

第三章 大数据时代供应链信息源搜集者——竞争情报方研究

大数据时代，供应链信息源搜集者呈多元化态势。首先，供应链信息源搜集者的主体依然是竞争情报方，无论是企业层面的竞争，还是产业链或供应链层面的竞争，掌握竞争对手的信息情报是在竞争中立于不败之地的关键；其次，供应链信息源搜集者为信息情报服务类公司，它们为盈利性情报机构，为竞争情报方提供专属情报服务，这类公司往往具有强大的信息情报收集系统和技术分析能力，服务的对象通常是竞争情报能力比较弱的中小微企业；再者，供应链信息源搜集者为各类信息公益类的机构，包括政府信息管理部门、各类非营利组织等，它们或出于服务社会发展，或出于提升社会组织的知名度和美誉度的不同目的，提供的涉及供应链的信息情报客观上满足了竞争情报方的信息需求；第四，其他供应链信息源搜集者，他们或出于对信息情报的爱好或出于披露信息情报的成就感或出于报复相关企业等目的，成为供应链信息源搜集者。考虑到大数据时代供应链信息源搜集者的多元化态势，为简化研究，选择以竞争情报方为对象，来研究大数据时代供应链信息源搜集者——竞争情报方的个体特征、竞争情报方的合作博弈以及竞争情报方信息源选择能力，为大数据时代供应链系统更加深入地了解其竞争情报方提供理论依据，也为其有效开展反竞争情报工作提供帮助。

第一节　大数据时代供应链信息源搜集者——竞争情报方概述

供应链信息源价值的大小和信息源搜集者的主观判断密切相关。信息源搜集者的主观判断受到信息价值创造和利用过程中涉及的一些因素如信息源搜集者主观认识的差异和信息价值识别能力的高低的影响。信息源搜集者主观认识的差异主要表现在信息价值主观认识的片面性和多样性方面。信息价值主观认识的片面性强调信息价值的某一方面重要性，而忽略信息价值其他方面的作用；信息价值主观认识的多样性强调信息价值的系统影响，而忽略信息价值的关键作用发挥。信息价值识别能力的高低主要体现在信息收集指标体系构建，信息收集系统建设与管理，信息收集方法与程序应用，收集信息的整理、归类、分析与应用等方面。就竞争情报方而言，其主观认识的差异和信息价值识别能力的高低影响其对供应链信息源的价值大小判断，进而影响其信息源选择行为。

一、大数据时代供应链的竞争情报方

1. 竞争情报

竞争情报是“关于竞争环境、竞争对手和竞争策略的情报研究”。就企业而言，竞争情报是指在商业活动中，企业为了赢得竞争能力而开展的针对竞争对手及其竞争策略、竞争环境的情报收集、整理、分析，并作出应对之策的情报活动。竞争情报主要有合作伙伴情报、市场情报和技术情报 3 种类型，合作伙伴情报能够帮助企业提升协作效率，而市场情报和技术情报则是企业的专属私有情报，能够提升企业自身的市场份额，进而赢得竞争优势。

竞争情报活动以竞争情报循环为基础。竞争情报循环是指从计划开始进行定位，确定主要竞争对手，进行竞争情报搜集工作和竞争对手分析，将分析结果加以推广应用；然后，再开始新的一轮竞争情报工作，周而复始，循环不已。竞争情报循环本质上是一种信息增值活动，信息作为原料存在显性可见部分和隐性不可见部分，对显性部分的收集和筛选，对隐性部分的识别和获取，都是企业竞争情报活动中价值发现的重要环节。同时，无论是竞争情报活动还是情报产品，其价值都具有较大的主体依赖性，关系主体将信息需求者、信息传递者、信息发现者、信息分析者、信息利用者（企业决策人员）统一到了企业竞争情报活动之中。

从竞争情报的国外实践来看，随着大数据时代的到来，大数据技术被广泛应用于用户、市场、环境和政策等海量数据的深度挖掘与分析，社交媒体网站上大量用户生成内容成为获取竞争情报的重要数据源（美国）；经济情报体系由政府主导，具有高度集中的结构，但同时公共部门、私营部门及具有公私合作伙伴关系的准政府组织都参与其中，并达成密切合作和信任关系，帮助地区制订经济发展战略，实施具有创新性和影响力的举措，呈现富有特色的区域经济情报体系特征（法国）；政府、企业、大学均深度参与竞争情报实践，在产学研融合方面具有代表性（加拿大）；企业的竞争情报职能应从“提供事实”演变为“公司战略的关键组成部分”，制订与战略规划系统相关的综合全面的竞争情报流程（巴西）；公司相信他们在日常经营管理中实际使用了非正式竞争情报，正式的竞争情报没有必要成为公司的战略规划重点（以色列）；企业非常重视监管机构的信息，最重要的竞争情报活动之一是关注政府立法趋势（南非）。上述竞争情报的国外实践表明，无论竞争情报系统由企业主导、政府主导、还是由政府、企业、大学的深度参与，无论是对正式竞争情报还是非正式竞争情报的关注，竞争情报的职能都上升到战略高度予以重视，竞争情报工作与企业的长远目标的实现紧密相关。

2. 大数据时代供应链的竞争情报

随着大数据时代的到来，大数据的内在价值正逐步为人们所认知。把握大数据的数据量大、类型繁多、价值密度低以及速度快、时效高等特征，通过新一代大数据处理技术，如大数据采集、大数据预处理、大数据存储及管理、大数据分析及挖掘、大数据展现和应用（大数据检索、大数据可视化、大数据应用、大数据安全等），开展大数据的全面收集、预处理、存储及管理、分析及挖掘、共享与应用。大数据时代，人们的观念发生了颠覆性转变，大体涉及三个方面，即从依靠部分数据到全部数据的转变、从信息资料的精确性到混杂性的转变、从因果关系到相关关系的转变，而观念的转变等都给大数据时代的竞争情报工作带来了新的挑战。

大数据时代供应链的竞争情报是指在大数据环境下，竞争对手为了赢得竞争优势而开展的针对供应链系统各节点企业及其竞争策略、竞争环境的情报收集、整理、分析，并作出应对之策的情报活动。因此，大数据时代供应链的竞争情报工作任务十分繁重、工作难度显著上升、工作成效一时难以显现。因此，随着大数据时代的到来，供应链节点企业应该在供应链系统内部培养三种能力：第一，整合供应链系统数据的能力；第二，识别供应链系统数据价值，并据此制订反竞争情报策略的能力；第三，实施快速精确反竞争情报行动的能力。通过上述三种能力的培养，为大数据时代供应链的反竞争情报工作提供有力支撑。

供应链的竞争情报内容包括原料采购信息、生产信息、库存信息、销售和预测信息、物流信息、市场反馈信息及其他情报等。大数据时代，上述竞争情报内容呈现一些新的特点。

在原料采购环节，竞争情报人员情报收集的重点对象是原料的成本和质量。首先，针对采购率较高的供应链节点企业，优先关注其电子交易平台活跃对接供应链上游企业；其次，针对专业性强、潜在报名报价的供应商少的供应链节点企业，关注其项目推介活动和受邀请参加采购的潜在供应商；第三，针对供应链节点企业采购失败的情形，关注其供应商资格、技术参数、项目预算等设置及要求条件，从中研判其采购适配信息。

在生产作业环节，竞争情报人员情报收集的重点对象是竞争对手的产品和顾客。由于产品直接面对的是市场，每当产品售卖给顾客时，生产部门就要和计划部门对接对售出产品的数据做出响应。根据售出产品的相关数据，结合从需求计划经理得到需求预测及其他相关业务信息，生产计划经理进行分析并做出决策，做出下一段时期内的产能供应水平，尽可能达到产能最大化，以满足消费者的购买需求。

在库存作业环节，竞争情报人员情报收集的重点对象是供应链生产系统运行机制和库存控制策略。库存以原材料、在制品、半成品、成品的形式存在于供应链的各个环节。供应链生产系统运行机制不同，如采用推动式生产管理或拉动式生产管理，制造商与供应商之间的合作性策略(VMI, vendor managed inventory，供应商库存)是不同的。库存控制方面，库存策略实施主要涉及顾客信息系统、销售网络管理系统、供应商与分销商的合作框架协议、采购部门专门负责用户库存、库存补给及服务的专门人员等。

在销售和预测环节，竞争情报人员情报收集的重点对象是供应市场信息和需求市场信息。供应链本质是平衡供应与需求，因此，供应市场信息和需求市场信息是供应链竞争情报系统的关键组成。销售和预测环节的竞争情报工作涉及供应链内外两个方面。在供应链内部侧重于营销情报收集网络的构建和扩大，在外部侧重于寻找适当的情报收集对象，从第三方的角度着眼收集情报。所谓第三方，是指与企业联系的组织和个人，包括广告商、供应商、经销商、企业主管部门、银行、咨询机构、证券商等等，他们较为了解企业的广告战略、财务状况、营销渠道、销售网络等。

在物流运输配送环节，竞争情报人员情报收集的重点对象是需求信息、供应信息和共享信息。需求信息和供应信息不是链式传递而是网络式传递的，节点企业通过 EDI/Internet 可以及时掌握供应链不同环节的需求信息和供应信息。由于供应链系统的信息共享，供应链上的任何节点企业都能及时掌握供应链上的供需信息，了解供应链的运行状态。竞争情报人员通过对物流运输配送环节的情报收集，可以全面透视整个供应链系统。

在市场营销环节，竞争情报人员情报收集的重点对象是内部营销情报收集网络和外部情报收集对象，其实质在于围绕如何将产品销售出去实现其价值增值来展开竞争情报的活动。供应链内部营销情报收集网络既有组织层面的，也有运营层面的，包括高层管理人员、中层各业务部门经理等兼职情报人员以及专职情报人员。供应链外部情报收集对象包括提供竞争情报的所有第三方。竞争情报方可以通过与企业联系的组织和个人，包括广告商、供应商、经销商、企业主管部门、银行、咨询机构、证券商等等，了解企业的广告战略、财务状况、营销渠道、销售网络等。

在市场反馈环节，竞争情报人员情报收集的重点对象是终端客户对供应链提供的产品或服务的消费意见和建议。在激烈的市场竞争中，只有充分的搜集、整理、归纳、分析、总结市场反馈信息，才能为供应链各节点企业的产品研发和营销决策提供可靠依据，供应链系统各节点企业尤其是核心节点企业才能确定决策的目标和发展方向。可以说，市场反馈是供应链系统循环发展的铺垫，针对这一环节的竞争情报可以为竞争情报方准确了解整个供应链的薄弱环节提供了有力的切入点。竞争情报方可以尝试将市场反馈环节竞争情报的收集外包出去，避免引起供应链系统的警觉。

3. 大数据时代供应链的竞争情报方

随着大数据时代的到来，供应链系统各节点企业的数据库种类和数据量激增，各节点企业间信息的传输量也在激增，信息安全问题愈加突出。大数据时代供应链的竞争情报方不仅包括商业对手的竞争情报机构，也包括独立的竞争情报系统供应商，而后者则在遵循市场准则前提下与前者开展情报合作。

(1)供应链商业对手的竞争情报机构

供应链商业对手的竞争情报机构是以供应链系统的信息情报为收集对象、存在于同供应链系统展开直接竞争的商业对手内部的专设的竞争情报部门。大数据时代，供应链商业对手的竞争情报机构的竞争情报源不再局限于供应链系统的公开信息和结构化的一手调查数据，更多是利用大数据技术，围绕用户、市场、环境和政策等海量数据进行深度挖掘与分析，成为获取高价值情报的新手段，尤其社交媒体网站上大量用户生成内容成为获取竞争情报的重要数据源。

(2)独立的竞争情报系统供应商

大数据时代，竞争情报系统建设面临诸多难题，如竞争情报系统日益复杂化、数据量激增、竞争情报工作的技术要求尤其是数据技术要求不断提高，竞争情报工作的专业化需求明显提升，独立的竞争情报系统供应商应运而生。独立的竞争情报系统供应商是指独立于供应链系统及其商业对手的专业化竞争情报机构，专注于竞争情报细分市场，服务导向明确，长期深耕于情报咨询和信息技术服务，拥有过硬的信息技术和数据挖掘实力，具备强大的数据分析、数据可视化能力，能为供应链系统及其商业对手提供双向战略情报分析报告，并对双方的竞争情报工作产生深刻影响。

需要特别指出的是，中小微企业受限于人才、技术和数据源等的限制，企业内部较少建立专业的竞争情报部门，一般仅配备少量信息情报专业人员负责与独立的竞争情报系统供应商接洽，利用独立的竞争情报系统供应商提供的情报服务做出自己的情报决策。

二、大数据时代供应链竞争情报方信息价值的主观认识

大数据时代，供应链竞争情报方信息价值的主观认识是指供应链竞争情报方对信息价值的主观判断。理论上来说，人类的一切观点、看法、思想都是带有主观性的，所有的价值判断结果，都是源自人的意识。这种来源就决定了价值判断存在一定的主观性，这其中包括所谓的科学与非科学的判断。因此，供应链竞争情报方信息价值的主观认识可能是科学的、合理的，也可能是非科学的、不合理的。

1. 供应链竞争情报方信息价值的主观认识科学性的表现

(1)信息价值的增值性

供应链竞争情报方信息价值以竞争情报循环为基础，随着信息的收集、整理、分析和利用，竞争情报循环呈现螺旋状不断提升的过程，这一过程本质上是一种信息加工并上升到情报的价值增值活动。信息作为情报的雏形存在显性部分和隐性部分，显性信息包括供应链系统的组成、节点企业组织结构，日常行政管理规定，人事制度、财务制度、安全生产制度、后勤保障制度等各个部门的规章，以及不同职位人员的岗位要求等等；隐性信息包括供应链所有高度人性化、难以格式化的信息，如供应链系统各节点企业的主观理解、知觉和判断。对显性部分的收集和筛选，对隐性部分的对话、讨论和交流，都是企业竞争情报活动中价值发现的重要环节。

(2)信息价值的主体依赖性

无论是竞争情报活动还是情报产品，供应链竞争情报方信息价值都具有较大的主体依赖性。供应链核心节点企业将信息需求者、信息传递者、信息发现者、信息分析者、信息利用者(节点企业决策人员)统一到了供应链系统竞争情报活动之中。客观地说，这些竞争情报的参与者是怀有多样化的目的加入供应链竞争情报系统的，他们对信息价值的主观认知是不尽相同的，这就决定了他们各自对信息的取舍是有区别的，即某个参与者认为重要的信息，其他参与者可能不以为然。其结果只会损害供应链系统竞争情报工作的效能。

(3)信息价值的分享性

供应链竞争情报方信息可以在供应链商业对手的竞争情报机构内部分享，也可以在独立的竞争情报系统供应商与中小微企业情报专员，甚至是供应链商业对手的竞争情报机构间实现信息分享。信息价值的分享性意味着人们愿意交易和分享信息，这也从一个侧面验证了信息价值所在。当然，一旦某种特定信息被分享，那么其信息价值就会急剧下降。这样就会促使供应链商业对手的竞争情报机构和独立的竞争情报系统供应商对供应链系统新的、高价值信息的追逐，进而推动竞争情报循环。

2. 供应链竞争情报方信息价值的主观认识非科学性的表现

(1)信息价值主观认识的片面性

信息价值主观认识的片面性包括信息价值主观认识方法的片面性和信息价值主观认识手段的片面性。方法的片面性是指把原先针对单个企业的信息价值判断方法照搬进供应链信息价值的判断上，如把供应链单个节点企业的供应、需求、原材料采购、市场、生产、库存、订单、分销发货等信息孤立地看待，把供应链上传输的信息仅仅作为商流或物流的辅助，没有看到节点企业的内部业务管理，包括采购管理、库存管理、配货管理、销售管理、退货管理、财务管理等业务的协同，没有看到节点企业内部管理的数据与整个供应链协同的信息数据共享。手段的片面性过于强调针对供应链核心节点企业的信息搜集而忽略了供应链一般节点企业的信息搜集，过于强调针对单条供应链的信息收集而忽略对相互交织的网状结构供应链的信息收集，过于强调针对供应链显形信息的收集而忽略对供应链隐形信息的收集。无论是信息价值主观认识方法的片面性或信息价值主观认识手段的片面性导致的信息价值主观认识的片面性，都会导致对信息价值的某一方面重要性的过多强调，而忽略信息价值其他方面的作用。

(2)信息价值主观认识的失调性

信息价值主观认识的失调性是指随着供应链新信息的流入，与供应链竞争情报方的已有信念相矛盾，无法理解现有经验外的事物，会让竞争情报方产生失调的感觉，这种感觉会驱使其去寻找合理化的解释，使其与自己的原有认知达到一致。随着供应链系统的发展，供应链各节点间的关系由竞争、合作、到竞争合作的演化，但当节点间出现寄生现象时，可能使人产生失调感；当强调信息价值的系统影响，但当特定信息对某个节点企业产生关键作用时，也可能使人产生失调感。

(3)信息价值主观认识的无偿性

当今社会，互联网、大数据和云计算的高度发展，通过互联网获取免费的数据成为常态。人们习惯于不付费就能收集到大量的各种信息，但是这对于供应链系统核心机密信息的获取显然是不适应的。对于供应链竞争情报方来说，一方面要在大量的信息中提取有价值的信息，同时又要降低获取相应信息的成本，使信息的实际使用价值大于收集、分析信息等过程所产生的成本，达到信息获取经济性的目的。

(4)信息价值主观认识的非理性消费陷阱

由于在互联网上可以无偿收集到大量的各种信息，因此，竞争情报方会花很多时间在互联网上搜集有关供应链的各种信息。实际上，竞争情报方在互联网上接触和收集到的信息往往都是一些公开的信息，有很大一部分价值低甚至是无用的。显而易见，这种投入大量人力、物力、时间和精力的信息搜集工作，在导致对信息的非理性过度需求的同时，也势必造成极大的经济资源和社会资本的浪费，在信息消费上掉入非理性消费陷阱。

三、大数据时代供应链竞争情报方信息价值的识别能力

大数据时代供应链竞争情报方信息价值识别能力的高低主要体现在竞争情报服务环境的建设、信息收集与加工、情报存储、情报分析、情报传递、情报反馈、反竞争情报等方面，它们综合影响竞争情报方信息价值的识别能力。

1. 竞争情报服务环境的建设

竞争情报服务环境的建设可以进一步优化竞争情报服务环境，为竞争情报方提供强有力的政策支持、情报资源整合、资金支持等。首先，建立健全公共服务领域的政策体系，推进公共服务均等化，解决诸如公共服务需求压力大，公共服务供给不足，公共资源配置不均衡，公共服务再分配作用弱，公共服务标准不规范，公共服务主体回应性差等问题，为竞争情报工作的开展营造良好的政策环境；其次，整合并开放信息和情报资源，消除信息孤岛，为竞争情报活动的有效开展，提供权威、丰富的信息资源。利用政府行政管理和行业管理的优势，促进信息的共享，解决情报资源的独占性，降低整个社会信息情报利用的成本，推动信息资源的充分利用；再者，采取倾斜政策如奖补资金支持方式，引导并鼓励独立的竞争情报系统供应商进行竞争情报的生产和提供，对于其提供的公益性质的战略情报分析报告，给整个中小企业竞争情报服务体系运行带来明显正向作用的，提供诸如工作开展便利、信息查询支持、资金奖励等倾斜政策。

2. 情报收集与加工

(1)情报收集

竞争情报的收集渠道主要有两种：一是通过人际情报网络获取信息；二是通过集成化网络信息系统获取信息。目前，竞争情报的收集通常利用数据采集工具（离线采集工具 ETL，实时采集工具 Flume/Kafka，互联网采集工具 Crawler，DPI 等），针对互联网中的公开信息、供应链节点企业的数据库、邮件系统、流处理业务活动等进行自动化信息采集。同时，人际情报网

络依然是获取企业竞争情报的一条重要路径。

竞争情报的收集工作是建立在决策者的主观情报需求和决策的客观情报需要两者综合平衡基础上确定的。除了确定情报信息源、情报收集渠道和情报收集工具外,在收集过程中要注意对收集的情报进行初步的分析,判断情报的真伪和情报价值的高低。结合情报分析的结果和环境因素的变化,不断地调整竞争情报目标,改善情报收集渠道、方式和工具。因此,竞争情报的收集是一个动态的过程,并具有程序性、分析性、规范性和连续性等特点,需要统筹规划、科学安排。

从供应链的角度来看,竞争情报方的情报收集分为原料采购环节的收集、产品生产环节的收集、市场营销环节的收集和市场反馈环节的收集等4个方面。在原料采购环节,竞争情报收集的关注点是原料的采购来源、成本和质量。竞争情报收集的重点对象大致有三个,一个是竞争对手的原料供应商,一个是竞争对手的原料采购部门,一个是自己的原料供应商。在产品生产环节,竞争情报收集的关注点是相关节点企业的生产计划和控制系统,掌握供应链同步性生产计划的柔性约束条件、生产进度和生产能力,了解供应链生产控制中的生产节奏、提前期、库存控制和在制品的情况。在市场营销环节,竞争情报收集的关注点包括供应链内部的营销情报收集网络以及供应链外部适当的情报收集对象。供应链内部的营销情报收集网络主要是各节点企业的营销情报收集部门,供应链外部适当的情报收集对象主要是与企业联系的组织和个人,包括广告商、供应商、经销商、企业主管部门、银行、咨询机构、证券商等等,他们较为了解企业的营销战略、营销渠道、销售网络等。在市场反馈环节,竞争情报收集的关注点是否存在供应链牛鞭效应以及把市场反馈作为整个供应链系统循环发展的铺垫,这一环节的竞争情报可以用来指导整个供应链的持续改进。一般而言,市场反馈环节竞争情报的收集业务往往通过外包形式、由专门的数据公司办理,这样既能够利用专门数据公司的数据收集专长,提高市场反馈数据收集效率,又可以相对中立的进行数据的收集,保证收集的市场反馈数据的质量。

(2)情报加工

情报加工包括情报的分类、筛选、编辑、标注、简报与报告、情报发布等，通常分为系统自动处理和人工处理两大类。情报的系统自动处理通常借助企业竞争情报系统(Enterprise Competitive Intelligence System，ECIS)进行的情报加工，将原始信息按事先预设的行业或专项进行分类，对获取的信息进行自动筛选和排序，使之变成对企业有价值的情报。情报的人工处理则是由企业竞争情报部门的专职情报人员从企业竞争的战略高度和实际需要出发，系统梳理收集的信息，根据信息与企业的关联度、信息对企业的作用大小、信息来源的可靠程度、信息发布的时间等因素进行综合评价，根据评价得分的高低进行排序。

情报加工是竞争情报方情报工作的一项基础工作，是实现信息向情报转化的重要一环，对于供应链竞争情报方信息价值的识别起到基础作用。但是由于供应链各节点的情况不同，给竞争情报方的情报加工带来很大的难度。一般而言，只有一些实力较强的竞争情报方的情报加工工作做得较好，而实力一般的竞争情报方的情报加工能力有限，这是因为实力较强的竞争情报方投入情报加工方面专业性人员较多且在专门的情报工作部门设置情报分析岗位。实力一般的竞争情报方可能要借助其所在的供应链系统进行情报加工，或者委托专门的情报类公司进行情报加工。因此，从某种意义上来说，竞争情报方的情报加工行为就意味着供应链系统情报的泄密。

3. 情报储存

情报储存是指将加工后的情报资源，按一定的利用目的和规定贮存到某种存储设备或介质上，并根据这些存储设备或介质的属性构建系统化的检索体系的情报工作方法。目前，主要的存储设备或介质有纸张、微缩、声像、计算机硬盘、光盘、网络云服务器等。

供应链竞争情报方情报存储就是要使收集加工的情报资源长期保存、便于检索、利于共享、便于管理。情报存储不仅考验竞争情报方针对供应链系统及各节点企业的海量数据的分类、集成的能力，也反映了竞争情报方对供应链系统及各节点企业情报的管理能力。随着情报存储技术的发展，竞争情报方可以将供应链系统各参与方的情报进行集成，即情报资源整合，建立起专用的数据库。当然，数据库中存储的情报资源是经过加工、汇总和整理而来，并非是对供应链各方的原始数据的简单汇总。因此，在调用数据情报时应理性对待，尤其要注意加工情报的时间、现时的背景，结合供应链系统的变化加以利用，不可教条。

4. 情报分析

经过加工后的情报，虽然进行了筛选和排序，具备一定的情报价值，但是通常是不能直接提供给企业的决策者，必须经过情报人员的分析研究使之变成满足企业经营管理需要的、有价值的竞争情报，才能为决策者提供有价值的参考。

竞争情报方情报分析工作主要具有以下六大功能：(1)根据竞争情报年度计划安排确定年度情报分析工作子计划，明确针对供应链系统及其各节点企业开展的竞争情报活动；(2)将加工后的情报按照操作规程进行归档保存；(3)根据情报需求的重要程度顺序，综合考虑供应链系统情报分析的难易程度、复杂程度、时间耗费、成本高低等因素，制订科学合理的情报分析方案，并按要求及时准确地完成情报分析任务；(4)为竞争情报方决策者及相应职能部门提供有关供应链系统及各节点的竞争情报分析报告、经营管理决策建议报告、反竞争情报专题报告等；(5)为竞争情报方决策者及相应职能部门提供有关供应链系统发展态势分析报告，做好危机预警工作；(6)为竞争情报方决策者及相应职能部门提供供应链系统的纵向延伸和横向拓展现状及未来态势预测报告，帮助寻找针对供应链系统的新的商机。

竞争情报方情报分析工作分为外部供应链的情报分析和内部供应链的情报分析两类。无论是外部供应链的情报分析还是内部供应链的情报分析都依赖于情报分析框架和实施方法的紧密结合。情报分析框架是指根据从供应链系统获得的情报信息，用以建立观察与分析供应链系统及其所处环境的分析模型。实施方法是指由竞争情报方专兼职情报人员根据供应链系统情报的性质、内容、要求时间的急迫性及所处环境条件等因素制定的情报分析方法。主要的竞争情报分析方法包括专利情报分析、财务分析方法、

SWOT 分析法、情景分析法、行业动向分析法等。

5. 情报传递

情报传递是情报的发送方通过适宜的情报通道将情报传输给情报的接收方的过程。情报传递包括情报发送方、传递的情报、情报接收方三个要素。在一个闭环的情报传递链中，情报传递往往是双向的，情报发送方和情报接收方存在角色的互换。情报传递的类型依据传递方式的不同分为口头、书面、非语言、电子介质四类。随着信息化时代的到来，以电子介质传递情报的方式越来越普遍，其包含的信息量越来越大，情报传输的效率达到前所未有的高度。与此同时，传统的情报传递方式如口头、书面、非语言等也以其特定的功能，在情报传递中发挥独特的作用。

竞争情报方情报传递工作主要经由竞争情报方集成化信息系统开展的。一般而言，竞争情报方集成化信息系统是由竞争情报中心创建并运营的情报工作系统，其情报传递通常是服从和服务于竞争情报方的总体战略，集成化信息系统在情报传递工作中发挥着重大的作用。当然，竞争情报方情报传递工作同样离不开人际情报网络的作用。竞争情报方情报部门和职能部门之间的情报传递工作需要借助人际情报网络，尤其要重视非正式组织在情报传递工作中的作用。

竞争情报方情报传递的形式依据传递方向的不同可以分为正向传递、逆向传递、单向传递和多向传递。正向传递通常是由一个初始信息源向多个信息接收方传递情报；逆向传递与正向传递相反，是从原先的情报接受方向初始信息源的情报传递，所传递的情报与正向传递的情报间存在关联关系，也就是说两者构成情报传递的闭环。发送方把情报传给事先确定的接收方称为单向传递，单向传递情报往往发生在链式或轮式传递中，传递对象有限而明确；发送方把情报传给没有事先确定的接收方称为多向传递，整个竞争情报方的高层决策者及相关职能部门和业务部门都可能是情报的接收方，这种情报传递方式可能与寻求可能的情报支持或业务合作有关。单向情报传递往往建立在多向情报传递的基础上，是情报传递工作的升级。

6. 情报反馈

情报反馈工作是情报接收方为了实现情报工作中的情报共享，在利用情报后，情报接收方给予情报发送方提供情报反馈信息，对情报的再输出产生影响，既是对情报提供方工作的肯定，又是依此征求情报应用效果的机会，以便及时改进情报工作的目标、方式和方法，通过制定并实施改进措施来进一步提高情报工作的效率与效果，实现情报对管理决策支撑的预定目的。

竞争情报方的情报反馈工作对于竞争情报方的情报循环至关重要，情报在运动中不断进行反馈，起到对供应链系统竞争情报工作质量的准确研判，为完善针对供应链系统的竞争情报工作起到关键作用。竞争情报方的情报使用部门从情报系统中获取供应链系统的情报，经过分析并结合自身实际作出决策，采取行动。若达到决策目标，则会强化此种情报接收活动，否则会改变对自身情报部门的态度，在情报工作中采取不合作的态度，这样会不利于竞争情报方针对供应链系统竞争情报工作的开展。

7. 反竞争情报

供应链竞争情报方信息价值识别能力的最终体现在于及时科学地开展反竞争情报工作。反竞争情报是专门针对竞争情报方的竞争情报行为而展开的一项工作，旨在通过对本方经济活动中所产生的商业信息的监测与分析，确定其中的关键核心机密信息并予以保护的活动。因此，反竞争情报的对手是现实的或潜在的竞争对手，依据是竞争对手对本企业所进行的竞争情报活动，工作重点是保护本企业的各类关键核心秘密信息，工作方式是根据竞争情报方的情报活动采取的情报防御方式与反击途径。

供应链竞争情报方反竞争情报工作面临的压力是巨大的。首先，竞争情报方面对的是整个供应链系统。供应链系统可以调动整个系统资源开展竞争情报工作，任何单一的竞争情报方将面临巨大的反竞争情报压力；其次，从供应链系统的第三方获取情报不易。窃取供应链核心机密情报的不只是竞争情报方，可能还包括供应链系统的第三方，而竞争情报方若从供应链系统的第三方获取情报可能要承受巨大代价；第三，防窃密的手段更加先进。随着信息技术的不断提高,竞争情报方的窃密手段越来越多元化,数据挖掘能力的提升,使得供应链系统的一些公开信息也可能成为泄密源。但是,供应链系统的一些关键机密信息却得到很好的保护,竞争情报方的常规的窃密手段已经失灵。

第二节 大数据时代供应链竞争情报方的合作博弈分析

大数据时代,供应链竞争情报方之间存在合作与竞争的双层关系。一方针对供应链系统的竞争情报行为可能会引起其他竞争情报方的警觉,甚至会采取不合作的行为,这对供应链系统的竞争情报各方的互利合作以及长期合作关系的维护是不利的。基于大数据时代供应链竞争情报博弈的七个基本假设,构建了基于不完全信息动态博弈的大数据时代供应链竞争情报的博弈模型,通过对模型的博弈均衡分析,最后在关于合作方类型的识别问题、关于驻点 α^* 和 β^* 的意义问题以及关于竞争情报双方行为对合作关系的影响问题等三个问题上给出了相应的结论。

一、问题的提出

随着大数据时代的到来,企业间的竞争逐步让位于供应链间的竞争,针对供应链系统的竞争情报工作越来越受到各方的高度关注。由于供应链系统对保密工作的重视,使得竞争情报方不得不开展某种程度上的情报合作,希望通过竞争情报方的合作尽可能地获得供应链系统情报,并在未来与供应链系统的竞争中赢得主动。然而,作为供应链竞争情报方却面临着两难选择:一方面,竞争情报方之间的合作可以整合各自的竞争情报资源,有利于获取供应链系统的机密信息;另一方面,竞争情报方如何在合作中保守己方获得的供应链核心机密,保证秘密信息不被合作的其他竞争情报方获得。显然,在供应链竞争情报工作中,始终存在竞争情报方之间的博弈:一方面,竞争情报方之间对于合作的诉求不一致时，则可能产生合作行为。如竞争情报一方希望通过竞争情报合作获得供应链系统整体或某个节点的情报，诸如供应链系统整体战略安排，或某个节点的经营情况、关键技术应用情况、某种资源利用情况等，竞争情报另一方则希望通过竞争情报合作获得供应链系统整体或某个节点的其他情报，如供应链系统整体运转情报、节点企业间的合作情报、关键人力资源的使用情报等。这样，竞争情报双方可能采取合作的方式；另一方面，竞争情报方之间对于合作的诉求一致时，则可能导致双方的竞争行为。因此，竞争情报方之间的策略性成为左右博弈结果的重要影响因素。研究竞争情报方之间的博弈关系，对于竞争情报方之间的竞争情报活动、获得供应链系统机密信息，具有重要意义。同时，对于供应链系统开展反竞争情报工作，防范自身机密信息泄密同样具有重要意义。

二、大数据时代供应链竞争情报方博弈的基本假设

大数据时代，围绕供应链核心机密情报的搜集，竞争情报方之间存在既竞争又合作的关系。基于理性人假设，任一竞争情报合作方都希望通过竞争情报合作，己方能够获取供应链系统尽可能多的机密信息，不希望其他竞争情报方获得比自身多的供应链系统情报。因此，大数据时代供应链竞争情报一方的策略空间和支付函数是其合作方不能确切知道的，换句话说，大数据时代供应链竞争情报的策略空间和支付函数不是参与人的公共知识，因此其他竞争情报方得到的供应链系统信息是不完全的。同时，大数据时代供应链竞争情报一方的竞争情报工作可能与其他竞争情报方的竞争情报活动在时间上是同时进行的，但在信息概念上它们是不同时的，因此是一个动态博弈的过程。综合上述两个方面，本文构建大数据时代供应链竞争情报的不完全信息动态博弈模型，其基本假设如下。

假设1：模型的参与者为大数据时代供应链竞争情报方A和竞争情报方B。不考虑供应链系统、竞争情报方之外的第三方渠道作为参与者，但不排除竞争情报方A或者竞争情报方B利用第三方渠道获取供应链系统的机密信息。竞争情报方A通过自然(Nature)的选择有恶意的(Malicious)和善意

的(Benign)两种。模型的博弈双方参与者均为理性追求自身利益最大化的风险中性经济人。恶意的(Malicious)竞争情报方A通过排他性的竞争情报活动(道德的或非道德的渠道)获取供应链系统的机密信息,即与竞争情报方B间存在竞争而非合作的关系;善意的(Benign)竞争情报方A可看作是对竞争情报方B提供竞争情报合作,实质上并不能改变竞争情报方B的竞争态势,或者说不能改变其与竞争情报方A的市场地位。

假设2:供应链竞争情报方A的竞争策略空间定义为$f\{I,NI\}$,即对竞争情报方B有竞争行为I或没有竞争行为(即合作行为)NI。善意的(benign)竞争情报方A仅有NI一种策略,即认定其一定不会实施针对竞争情报方B的竞争行为。假定竞争情报方B并不清楚竞争情报方A的类型,但知道竞争情报方A为恶意的(Malicious)类型的概率为θ和善意的(Benign)类型的概率为$1-\theta$;同时竞争情报方A也不知道竞争情报方B是否开展竞争活动,只知道竞争情报方B以α的概率开展竞争活动,以$1-\alpha$的概率不开展竞争活动。设竞争情报方B不开展竞争活动的基础收益为0,如果竞争情报方B开展竞争活动的行为没有被竞争情报方A发现的收益为W;反之,竞争活动行为被竞争情报方A发现,竞争情报方B除不能获得收益W外,还会带来与竞争情报方A社会资本的减少和交易成本的上升而造成的损失P。

假设3:供应链竞争情报方A的反竞争策略空间定义为$e\{CI,NCI\}$,即竞争情报方A开展了高水平的反竞争行为CI;或反竞争工作停留在低水平甚至根本没有开展反竞争行为NCI。假定竞争情报方A开展了高水平的反竞争行为的成本为C_H;反竞争工作停留在低水平甚至根本没有开展反竞争行为的成本为C_L,且$C_H>C_L$。同时,竞争情报方A开展了高水平的反竞争行为的概率为β;则反竞争工作停留在低水平甚至根本没有开展反竞争行为的概率为$1-\beta$。

假设4:竞争情报方A开展了高水平的反竞争行为时,发现竞争情报方B针对己方的竞争活动的概率为γ_H;反竞争工作停留在低水平甚至根本没有开展反竞争行为而发现竞争情报方B针对己方的竞争活动的概率为γ_L,

其中 γ_H 和 γ_L 为常数，且 $\gamma_H > \gamma_L$。

假设 5：竞争情报方 A 面对竞争情报方 B 可能的反竞争活动的行为有两种，即 $e\{C,NC\}$。如前所述，假设竞争情报方 A 为理性人，如果发现竞争情报方 B 实施了针对自身的竞争活动，则一定会采取 C 行为，即向同行或社会公众公布竞争情报方 B 的险恶合作用心，造成竞争情报方 B 声誉的损失；如果没有发现竞争情报方 B 实施针对自身的竞争活动，则一定会采取 NC 行为，即维护竞争情报方 B 声誉，支持可能的进一步合作。

假设 6：如果发现竞争情报方 B 实施了针对竞争情报方 A 的竞争活动被发现，并遭到竞争情报方 A 的反击，竞争情报方 A 将获得收益 R。收益 R 要超过 C_H 或 C_L，即 $R > C_H$ 或 $R > C_L$，原因是竞争情报方 A 获得的供应链系统关键秘密信息的保全，而供应链系统关键秘密信息则可以帮助竞争情报方 A 赢得竞争优势；如果竞争情报方 B 实施了针对竞争情报方 A 的竞争活动而没有被发现，竞争情报方 A 没有做出必要的反击，竞争情报方 A 将遭受损失 L。

假设 7：博弈经历两个回合。竞争情报方 B 选择是否对竞争情报方 A 实施竞争行为，竞争情报方 B 选择不实施竞争行为，表示合作关系将得到维护，双方都能获得合作带来的效用价值，博弈结束，否则进入第二回合。第二回合由竞争情报方 B 选择实施竞争行为引发，由于竞争情报方 A 开展了反竞争行为的水平差异，发现竞争情报方 B 针对己方的竞争活动的概率不同，从而会有不同的行为选择，其结果是竞争情报方 A 获益或遭受损失。需要指出的是：合作双方为了自身的利益往往需要隐蔽企图，隐蔽行为，运用伪装，迷惑对方。竞争情报方 A 是通过对竞争情报方 B 实质性竞争行动的认定而进入第二回合的，因为竞争情报方 B 总是会设法选择传递对自己最有利的信息，避免传递对自己不利的信息。

三、博弈模型构建与均衡分析

（一）大数据时代供应链竞争情报的不完全信息动态决策过程分析

供应链竞争情报方之间的博弈将按照以下顺序展开：首先，自然

(Nature)选择竞争情报方B的类型为恶意的(Malicious)和善意的(Benign)，概率分别为θ和$1-\theta$。其次，竞争情报方B开始行动，决定是否对竞争情报方A实施竞争行为。竞争情报方B清楚自己的类型，善意的(Benign)竞争情报方B一定不会实施竞争行为，恶意的(Malicious)竞争情报方B不一定在每一次合作中都实施竞争行为，而是根据自身的需要，以α的概率开展竞争活动I，以$1-\alpha$的概率不开展竞争活动NI。再次，竞争情报方A开始行动。由于供应链竞争情报双方的信息不对称，竞争情报方A并不清楚竞争情报方B的类型，也不知道前一阶段竞争情报方B的行动是开展竞争情报活动I还是不开展竞争情报活动NI。在这种情况下，竞争情报方A决定其在反竞争活动中的水平，竞争情报方A可以选择以β的概率开展了高水平的反竞争行为，也可以选择以$1-\beta$的概率使其反竞争工作停留在低水平甚至根本没有开展反竞争行为。最后，仍是竞争情报方A行动且博弈结束。根据上述两回合的博弈经历，竞争情报方A需要作出一定会采取C活动或NC活动。

根据双方的决策过程分析，博弈可能会出现以下结果。一是善意的(Benign)竞争情报方B没有实施竞争行为NI，竞争情报方A开展了高水平的反竞争行为CI，也没有发现竞争情报方B的竞争行为，竞争情报方A采取NC行为，即维护竞争情报方B声誉，支持可能的进一步合作。此时，善意的(Benign)竞争情报方B和竞争情报方A的收益是$(0,-C_H)$。二是善意的(Benign)竞争情报方B没有实施竞争行为NI，竞争情报方A反竞争情报工作停留在低水平甚至根本没有开展反竞争行为NCI，也没有发现竞争情报方B的竞争情报行为，竞争情报方A采取NC行为，即维护竞争情报方B声誉，支持可能的进一步合作。此时，善意的(Benign)竞争情报方B和竞争情报方A的收益是$(0,-C_L)$。三是恶意的(Malicious)竞争情报方B没有实施竞争情报行为NI，竞争情报方A开展了高水平的反竞争情报行为CI，也没有发现竞争情报方B的竞争情报行为，竞争情报方A采取C行为，即维护竞争情报方B声誉，支持可能的进一步合作。此时，善意的(Benign)竞争情报方B和竞争情报方A的收益是$(0,-C_H)$。四是恶意的

(Malicious)竞争情报方 B 没有实施竞争情报行为 NI,竞争情报方 A 反竞争情报工作停留在低水平甚至根本没有开展反竞争情报行为 NCI,也没有发现竞争情报方 B 的竞争情报行为,竞争情报方 A 采取 NC 行为,即维护竞争情报方 B 声誉,支持可能的进一步合作。此时,恶意的(Malicious)竞争情报方 B 和竞争情报方 A 的收益是(0,$-C_L$)。五是恶意的(Malicious)竞争情报方 B 实施了竞争情报行为 I,竞争情报方 A 开展了高水平的反竞争情报行为 CI,但没有发现竞争情报方 B 的竞争情报行为,竞争情报方 A 采取 NC 行为,即维护竞争情报方 B 声誉,支持可能的进一步合作。此时,恶意的(Malicious)竞争情报方 B 和竞争情报方 A 的收益是(W,$-C_H-L$)。六是恶意的(Malicious)竞争情报方 B 实施了竞争情报行为 I,竞争情报方 A 开展了高水平的反竞争情报行为 CI,且发现了竞争情报方 B 的竞争情报行为,竞争情报方 A 采取 C 行为,即向同行或社会公众公布竞争情报方 B 的失德行为,造成竞争情报方 B 声誉的损失。此时,恶意的(Malicious)竞争情报方 B 和竞争情报方 A 的收益是(-P,$R-C_H$)。七是恶意的(Malicious)竞争情报方 B 实施了竞争情报行为 I,竞争情报方 A 反竞争情报工作停留在低水平甚至根本没有开展反竞争情报行为 NCI,没有发现竞争情报方 B 的竞争情报行为,竞争情报方 A 采取 NC 行为,即维护竞争情报方情报 B 声誉,支持可能的进一步合作。此时,恶意的(Malicious)竞争情报方 B 和竞争情报方 A 的收益是(W,$-C_L-L$)。八是恶意的(Malicious)竞争情报方 B 实施了竞争情报行为 I,竞争情报方 A 反竞争情报工作停留在低水平甚至根本没有开展反竞争情报行为 NCI,但发现竞争情报方 B 的竞争情报行为,竞争情报方 A 采取 C 行为,即向同行或社会公众公布竞争情报方 B 的失德行为,造成竞争情报方 B 声誉的损失。此时,恶意的(Malicious)竞争情报方 B 和竞争情报方 A 的收益是(-P,$R-C_L$)。至此,可以建立基于不完全信息动态博弈的大数据时代供应链竞争情报方的博弈模型,如图 3-1 所示。图中的节点代表博弈的参与人,博弈树的路径代表参与人选择的行为策略,最终收益括号内的数字,分别代表竞争情报方 B 的收益和竞争情报方 A 的收益。

(二)博弈均衡分析

根据建立的基于不完全信息动态博弈的大数据时代供应链竞争情报方的博弈模型,可以对竞争情报方B和竞争情报方A进行博弈均衡分析,其均衡分析结果为一对战略组合(α^*,β^*)。

1.$\alpha^*=0$的情形

当$\alpha^*=0$时,不论竞争情报方B是善意的(benign)类型还是恶意的(Malicious)类型,只要竞争情报方B不开展竞争情报活动,即$\alpha^*=0$,则竞争情报方A的最优策略是其反竞争情报工作停留在低水平甚至根本没有开展反竞争情报行为,即$\beta^*=0$,并采取NC行为,即维护竞争情报方B声誉,支持可能的进一步合作。此时,博弈均衡结果是一对策略组($\alpha^*=0$,$\beta^*=0$)。

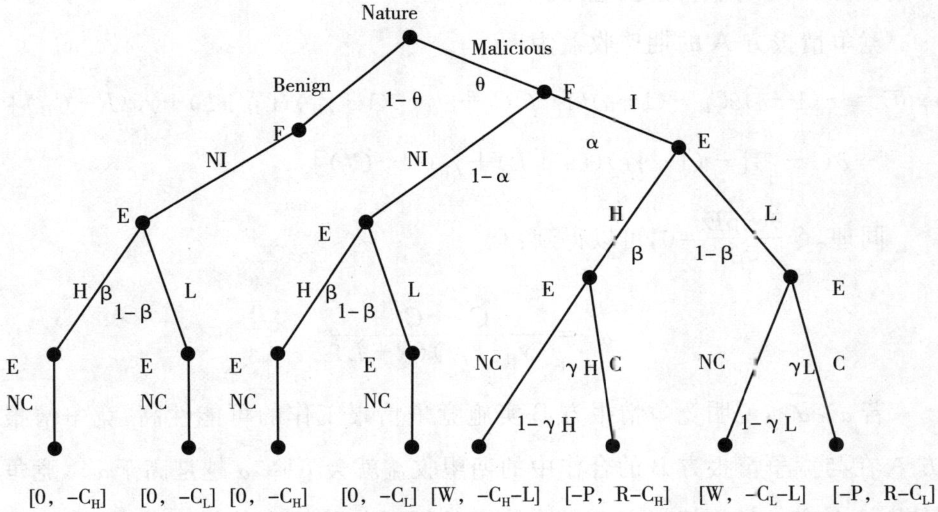

图3-1 基于不完全信息动态博弈的大数据时代供应链竞争情报方的博弈模型

2.$\alpha^*\neq0$的情形

当$\alpha^*\neq0$时,隐含假设竞争情报方B是恶意的(Malicious)类型。

根据假设,当竞争情报方A开展了高水平的反竞争行为和使其反竞争情报工作停留在低水平甚至根本没有开展反竞争情报行为的概率分别为 β 和 $(1-\beta)$ 时，竞争情报方 B 的期望收益为：

$$\exp F=\alpha\beta[(1-\gamma_H)W-\gamma_H P]+\alpha(1-\beta)[(1-\gamma_L)W-\gamma_L P]$$

运用最优化的一阶条件，令 $\frac{\partial \exp F}{\partial \alpha}=0$，可以得到：

$$\beta^*=\frac{\gamma_L P-(1-\gamma_L)W}{(\gamma_L-\gamma_H)(W+P)}$$

若 $\beta<\beta^*$，说明竞争情报方 A 开展的反竞争工作水平尚不足以充分发现竞争情报方 B 的竞争情报活动，β 越是低于 β^*，越是难以发现竞争情报方 B 的竞争情报活动，竞争情报方 B 的期望收益就越高。反之，$\beta>\beta^*$，说明竞争情报方 A 开展的反竞争情报工作水平已经可以发现竞争情报方 B 的竞争情报活动，β 越是高于 β^*，越是能够发现竞争情报方 B 的竞争情报活动，竞争情报方 B 的期望收益就越低。

竞争情报方 A 的期望收益为：

$$\exp E=-(1-\alpha)\beta C_H-(1-\alpha)(1-\beta)C_L+\alpha\beta[-(1-\gamma_H)(C_H+L)+\gamma_H(R-C_H)]$$
$$+\alpha(1-\beta)[-(1-\gamma_L)(C_L+L)+\gamma_L(R-C_L)]$$

同理，令 $\frac{\partial \exp E}{\partial \beta}=0$，可以得到：

$$\alpha^*=\frac{C_H-C_L}{(\gamma_H-\gamma_L)(R+L)}$$

若 $\alpha>\alpha^*$，说明竞争情报方 B 实施竞争情报工作的可能性高，竞争情报方 A 在与竞争情报方 B 的合作中的期望收益就会下降，α 越是高于 α^*，竞争情报方 A 在与竞争情报方 B 的合作中的期望收益就会越低。反之，$\alpha<\alpha^*$，说明竞争情报方 B 实施竞争情报工作的可能性低，竞争情报方 A 在与竞争情报方 B 的合作中的期望收益就会增加，α 越是低于 α^*，竞争情报方 A 在与竞争情报方 B 的合作中的期望收益就会越高。

需要指出的是，随着上述两回合博弈的结束，双方对各自类型有着更为清晰的认识（排除以一个小概率在各自的战略谋划中被称为“疯狂的”或不理性的行动)，竞争情报方 B 的竞争情报工作会引起竞争情报方 A 的高度重视，并采取相应的博弈策略；而竞争情报方 A 的反竞争情报工作又会促使竞争情报方 B 采用新的更为隐秘的竞争手段，双方的下阶段的博弈结果有待进一步分析。

四、结论

通过上述不完全信息动态博弈模型的分析，可以得出以下基本结论：

1. 关于竞争情报方 B 类型的识别问题

实施了竞争情报行为的竞争情报方 B 可以认定其为恶意的(Malicious)类型，但是没有实施竞争情报行为的竞争情报方 B 却不可以认定其为善意的(benign)类型，恶意的(Malicious)类型竞争情报方 B 也有可能不实施竞争情报行为。

2. 关于驻点 α^* 和 β^* 的意义问题

$\beta^*=\dfrac{\gamma_L P-(1-\gamma_L)W}{(\gamma_L-\gamma_H)(W+P)}$是竞争情报方 B 的期望收益函数的一个驻点而非极值点，但是它指明了竞争情报方 A 开展的反竞争工作水平应不低于此驻点；同理，$\alpha^*=\dfrac{C_H-C_L}{(\gamma_H-\gamma_L)(R+L)}$是竞争情报方 A 的期望收益函数的一个驻点而非极值点，但是它表明了竞争情报方 B 实施竞争情报工作的水平将影响竞争情报方 A 的期望收益水平，竞争情报方 B 实施竞争情报工作的水平越高，竞争情报方 A 的期望收益水平就越低；反之亦然。

3. 关于双方行为对合作关系的影响问题

竞争情报方 B 不针对竞争情报方 A 实施竞争情报行为，将会获得竞争情报方 A 的积极回馈，即竞争情报方 A 的反竞争工作停留在低水平甚至根本没有开展反竞争情报行为；而竞争情报方 B 的竞争情报行为只能促使竞争情报方 A 增强其反竞争情报能力，这对双方在搜集供应链系统情报中的互利合作以及长期合作关系的维护是不利的。

第三节　大数据时代供应链竞争情报方信息源选择能力研究

供应链竞争情报方信息源选择是供应链竞争情报方在面临不确定性环境或特定供应链信息源时，基于自身价值判断和明确的信息需求，从多个供应链信息源中选择所需信息源的决策。因此，供应链竞争情报方信息源选择涉及供应链信息源本身、竞争情报方信息源价值识别、竞争情报方的任务类型与特征以及外部环境等四个方面的因素。

供应链竞争情报方信息源选择能力是指在一定的外部环境下，供应链竞争情报方基于自身对信息源价值识别和竞争情报任务类型及其特征的把握，从供应链系统多类型的信息源中选择一种或几种目标信息源的能力。供应链竞争情报方信息源选择能力受供应链信息源本身、竞争情报方信息源价值识别、竞争情报方的任务类型与特征以及外部环境等四个方面因素的共同影响。

一、供应链竞争情报方信息源选择能力系统

为了避免关键秘密信息或情报被竞争情报方获得，供应链系统往往会采用多重防护手段如设置防火墙、调取数据库信息的身份认证和密钥验证、虚假信息诱导等措施，保护己方的关键秘密信息或情报。因此，快速精准的辨认并访问供应链系统高质量信息源，是竞争情报方信息源选择能力的基础性但却是关键性的一环。

(一)高质量信息源的访问能力

1. 高质量信息源的确定

竞争情报方对于供应链系统的信息质量尤为关注，对于提供高质量信息的信息源的搜寻是竞争情报的重点所在。Zimmer 等认为高质量的信息

源对特定任务有直接效用。高质量信息源一般有三个重要特征，其一，可靠性。可靠性反映该信息源一贯以来都在提供高质量且具有权威性、真实性的信息，可以提供竞争情报方某方面的专门需要，具有持续的可信赖性。其二，相关性。相关性是反映信息效应的一个重要标准，是判别信息对于竞争情报方价值大小的重要依据。Saracevic 将相关性分为系统/算法、主题、认知、情境以及动机/情感等的相关性。由此可见，相关性大大扩展了竞争情报方信息搜寻的范围，把可能对竞争情报方有价值的供应链系统情报都纳入其中。其三，时效性。时效性反映某一信息源对竞争情报方而言只在特定时间段具有价值，超过特定时间段，信息价值就会显著下降甚至变成无效信息。时效性主要体现在信息的新颖性方面，信息源的内容越新颖，就越有可能引起竞争情报方的关注。

2. 克服高质量信息源访问的障碍

高质量信息源确定后，竞争情报方需要对信息源进行访问，以获取所需要的信息。高质量信息源的访问受到一些因素的影响，这些因素主要包括特定信息源的稀缺性、对信息源价值认识不足、时间压力、社会资本不足等。首先，特定信息源的稀缺性意味着有效访问该信息源可能很困难，即使访问可能也需要付出较高的成本，因此，实现对特定稀缺信息源的有效访问，除了要求竞争情报方有一定的资源保障外，还需要竞争情报方能够精准高效地定位稀缺信息源。其次，对信息源价值认识不足可能会使竞争情报方在寻找有价值的信息源过程中走弯路，造成资源的损耗和时间的浪费，甚至会使竞争情报方在与供应链系统竞争中处境不利。第三，时间压力可能会使竞争情报方在没有进行充分准备情况下开展信息源的搜寻工作，可能事与愿违，带来信息源访问工作的欲速不达。第四，社会资本不足会造成竞争情报方的情报网络不够严密，无法接触到供应链系统关键核心机密的保有方，也就无法访问有价值的信息源。因此，必须克服上述障碍因素才能够有效地访问高质量的信息源。

3. 访问高质量信息源的应对措施得当

实现对供应链系统高质量信息源的有效访问，要求竞争情报方采取科学可行的措施,以最少的时间和资源成本投入,访问供应链系统信息源并获取相关信息。主要措施包括:(1)精准定位特定信息源。做好信息源的排查工作,对掌握关键机密信息的供应链节点企业高管、相关部门的业务主管、情报部门涉密人员进行系统梳理,对关键机密信息可能存储的服务器、数据库、音视频资料、纸质文档等介质进行探查,对供应链的一些重要活动如新品发布、供应商年会、重要签约活动、信息披露等的信息收集,为特定信息源的精准定位做好基础工作;(2)重视平时的竞争情报工作。供应链是一个复杂的系统,其信息资源十分丰富,不大可能通过短期的信息搜集工作取得立竿见影的成效,需要常态化开展竞争情报工作,注重平时信息搜集;(3)重视培育社会资本。竞争情报方除了重视建立与关键机密信息的供应链节点企业高管、相关部门的业务主管、情报部门涉密人员的人际交往外,也要重视同供应链一般节点企业的管理人员、技术人员甚至是一线操作人员交朋友,这不仅是短期信息收集的需要,更要立足于竞争情报工作的长远打算,做好社会资本储备。

(二)信息价值的识别能力

如前所述,大数据时代供应链竞争情报方信息价值识别能力的高低主要体现在竞争情报服务环境的建设,信息收集与加工,情报存储、分析、传递和反馈,反竞争情报等方面,它们综合影响竞争情报方信息价值的识别水平。这七个方面可以概括为三方面的能力,即信息价值识别基础能力、信息价值识别过程能力和信息价值识别保护能力。

1. 信息价值识别基础能力

信息价值识别基础能力即竞争情报服务环境的建设能力,通过提供强有力的政策支持、情报资源整合、资金支持等,为竞争情报方信息价值识别夯实基础。首先,竞争情报方争取政府在公共服务领域的政策支持,促使大量的信息资源成为公共资源,减轻竞争情报方的情报搜寻压力。其次,积极开展情报资源整合工作。争取政府和行业协会的支持,在一定层面上整合并开放信息和情报资源,消除信息孤岛,实现信息资源的共享。再者,争取资金支持。一方面，争取政府专项资金支持，通过购买服务的方式，为竞争情报能力弱的中小企业提供公益性质的战略情报分析报告；另一方面，实力较强的企业要配备专业情报人员并安排专门经费支持竞争情报部门工作。

2. 信息价值识别过程能力

信息价值识别过程能力是指在信息价值识别工作的每一个环节提高工作质量，以便尽可能准确地识别信息价值的能力。信息价值识别过程能力包括情报收集与加工能力、存储能力、分析能力、传递能力和反馈能力等。

(1)情报收集与加工能力。情报收集与加工是信息价值识别过程的重要的基础性环节，情报收集与加工能力强，则可以对竞争情报方的信息价值识别工作起到基础性作用。一方面，情报收集能力涉及供应链系统的原材料采购环节的信息收集能力、生产环节的信息收集能力、营销环节的信息收集能力和反馈环节的信息收集能力等4个方面；另一方面，竞争情报方的情报加工能力涉及情报的分类、筛选、编辑、标注、简报与报告、情报发布等方面的能力。

(2)情报储存能力。情报储存能力是指将加工后的情报资源，按一定的利用目的和规程贮存到某种存储设备或介质上，并根据这些存储设备或介质的属性构建检索系统的能力。首先，情报储存能力体现在存储设备或介质的选择上，目前主要的存储设备或介质如纸张、微缩、声像、计算机硬盘、光盘、网络云服务器等，从中选择一种或多种适合的存储设备或介质。其次，构建系统化的检索体系，便于信息需求方快速、高效地检索所需信息情报。再者，对于内外部机构和人员的信息调取行为进行甄别，防范可能的情报泄密。

(3)情报分析能力。竞争情报方依赖建立的情报分析框架和制订的情报分析方法，对获得的内外部供应链的情报进行分析，使之变成可以满足经营管理需要的竞争情报的能力。情报分析能力表现为：其一，建立合理的情报分析框架，采用科学的情报分析方法；其二，确定年度情报分析工作子计划，明确针对供应链系统及其各节点企业开展的竞争情报活动；其三，提供有关供应链系统及各节点的竞争情报分析报告、经营管理决策建议报告、发展态势分析报告、未来趋势预测报告、反竞争情报专题报告等，为竞争情报方的决策提供参考。

(4)情报传递能力。情报传递能力是指情报的发送方通过适宜的情报通道将情报传输给接收方的能力。情报传递能力是情报发送方、传递的情报、情报接收方三个要素综合作用的结果。在大数据时代，情报传递能力不仅体现在竞争情报方是否建有自己的集成化信息系统并有效运转，还取决于其人际情报网络的作用发挥。

(5)情报反馈能力。情报反馈能力是指情报接收方为了实现情报工作中的情报共享，在利用情报后，情报接收方给予情报发送方提供情报反馈信息，对情报再输出产生影响的能力。首先，情报反馈能力的形成以信息共享理念为基础，没有信息共享就不可能有实质意义上的情报反馈；其次，情报反馈能力是对情报输入方输入情报的精准反馈，构成与输入情报的有效回路，形成情报传输的闭环；再者，情报反馈能力是情报持续输入的根本保障，这既是对情报提供方工作的肯定，又是一次征求情报应用效果的机会，以便及时改进情报工作。

3. 信息价值识别保护能力

信息价值识别保护能力亦即反制供应链系统反竞争情报的能力，是针对供应链系统的反竞争情报工作的能力，旨在对本方经济活动中所产生的信息的监测与分析，确定其中的关键核心机密信息并予以保护的行为。首先，竞争情报方需要梳理己方的关键机密信息，建立健全关键机密信息的保护机制；其次，排查本方集成化信息系统和人际情报网络可能的信息泄密风险点，防范泄密措施尽可能细化；再者，设置虚假信息诱导陷阱，尽可能多的消耗供应链系统的竞争情报资源。

(三)任务的完成能力

任务源于信息需求，是一种外化的、稳态化的信息需求形式，对信息源选择工作具有导向作用。任务是信息源选择决策的落实，更是竞争情报方开展信息搜寻的动力源。因此，竞争情报方需要明确所要完成的任务，并根据任务的类型和特征搜寻不同的信息源。

1. 明确所要完成的任务

明确所要完成的任务要求竞争情报方确定所需信息的性质、内容、特征、种类、时效要求、主要来源等，以便聚焦供应链系统可能的信息源，这其中所需信息的内容和主要来源是关键。根据信息的内容大体可以判断信息所属的供应链系统的哪个层面，如信息指向的是整个供应链系统、核心节点企业还是某个特定节点企业；信息归属的业务类型，如供应、加工、仓储物流、销售等；信息的保密层级，如节点企业的高层、部门主管还是一般员工。根据信息的主要来源可以大体定位生产者、加工者、传播者或使用者的角色，进而聚焦信息源的位置。

2. 任务类型的匹配

根据 Byström K 和 Järvelin K 的研究，任务可以划分为无意识的信息处理、普通信息处理、普通决策、已知真实和真实决策等五类。首先，无意识的信息处理任务对应的是随机的信息源选择。当竞争情报方尚未有明确的信息需求时，没有特定的信息指向要求，往往无意识地搜寻信息源，承担的就是无意识的信息处理任务。承担无意识的信息处理任务的竞争情报方看似漫无目的，但是却在为承担特定任务做着准备。其次，普通信息处理任务和普通决策任务对应的是一般信息源，竞争情报方只需要付出很小的成本就可以获取相应的信息源，这类信息源的信息通常与竞争情报方的日常经营管理工作相关，对于改进日常工作，提高日常工作效率有益，但是对于竞争情报方的竞争力的提升作用有限。再者，已知真实任务和真实决策任务对应的是关键信息源，竞争情报方需要付出较高的成本才能够获取相应的信息源，这类信息源的信息通常与竞争情报方的经营战略相关，影响竞争情报方未来的战略选择方向。

Savolainen 认为，不同类型的任务源于不同的价值动机(效价)及不同的期望(期望值)。因此，竞争情报方任务类型的匹配能力受两个因素的影响：一是任务的效价，即对于不同任务的价值高低的主观判断；二是竞争情报方自身期望值的大小。如果任务的效价和竞争情报方自身期望值两者都大时，才可能真正调动起竞争情报方完成任务的积极性。如果出现任务的效价和竞争情报方自身期望值的其他配对形式，则将难以调动竞争情报方完成任务的积极性。

3. 任务特征的判断

任务特征影响竞争情报方的心理和行为进而影响信息源的选择。准确判断任务特征，可以使竞争情报方有充分的心理准备并采取针对性的信息源搜寻行为，为正确选择信息源创造条件。竞争情报方的任务特征主要有复杂性、重要性、紧急性和非例行性四种。

(1)任务的复杂性。任务的复杂性包括信息源的不确定性、搜寻信息主题的多重性、信息本身的内隐性、信息源搜寻行动的多方参与性等。由于任务的复杂性，要求竞争情报方多次频繁地接触潜在的信息源，与潜在信息源进行多次频繁的信息交互，从而选出高价值的信息源。这种信息交互不仅有正常的双向信息交流，也包括供应链系统的反竞争情报措施的使用。越是关键的信息源，当竞争情报方试图探寻时，越有可能遭到对方的反击。

(2)任务的重要性。任务的重要性是搜寻结果对于竞争情报方的紧要程度。任务越重要，越要求竞争情报方投入更多的资源用于信息源的搜寻。同时，任务越是重要，越是要求高质量的信息源。没有可靠的信息源，便不能保证收集信息的质量，自然也就无法满足任务重要性的要求。

(3)任务的紧急性。任务的紧急性意味着竞争情报方必须在某个时间点前完成信息源的搜寻，并获取需要的信息情报。一旦不能完成，则可能会使竞争情报方陷入被动。当竞争情报方面临十分紧迫的任务时，往往会使用他们熟悉的路径、花费最小的时间成本，以尽快获得所需信息。由于时间急迫，搜寻信息源工作的质量可能不及预期。

(4)任务的非例行性。任务的非例行性是指信息源的搜寻工作思路独特，搜寻行为超越原有的理解范畴，突破供应链系统的先验知识和信息视野，增加了信息源获取的难度。任务的非例行性可能源于信息源本身的独特性，如防护级别高、防护手段先进、常规搜寻手段难以起作用等，只有通过非常规性的信息搜寻手段才能够确定关键信息源。

（四）环境影响的处置能力

1. 环境影响竞争情报方的信息需求

Morrison认为，组织环境影响搜寻者的信息需求，并使其做出不同的信息源选择决策。竞争情报方进行信息源选择前，通常要对环境因素进行系统的分析，即SWOT分析。环境分析是建立在宏观、中观和微观环境信息的基础上，尤其是微观环境中的供应链系统运行状况和关键核心节点的发展战略信息。因此，搜寻供应链系统关键信息源，掌握供应链系统运行状况和关键核心节点的信息情报，可以提高竞争情报方进行战略选择的质量。

2. 环境影响竞争情报方的选择偏好

竞争情报方所处的环境对其信息源选择偏好有着潜在且间接的影响。环境因素如来自于环境的压力大小、所处行业的角色定位、文化认同程度的大小以及竞争情报搜寻者社会交往的范围大小等影响竞争情报方信息源选择偏好。具体来看，来自环境的压力大往往会驱使竞争情报方设法获取供应链系统的关键信息源；如果在所处行业属于追赶者，竞争情报方往往倾向于收集关注行业领先者的信息；竞争情报方对于文化认同程度高的供应链系统通常会更加关注；竞争情报搜寻者社会交往的范围大则更有可能借助人际情报网络搜寻供应链系统的信息源。

3. 环境影响竞争情报方的选择行为

竞争情报方所处的环境对其信息源选择行为有着潜在且间接的影响。信息源选择遵循方便性、客观可信性、权威性、使用习惯等原则，而这些又受到竞争情报方所处环境的影响。例如，来自环境的压力大会使得竞争情报方选择更为便捷的渠道获取信息源，但是对于信息源的客观可信性和权威性要求更高；如果在所处行业属于追赶者的角色，竞争情报方往往会选择搜寻行业领先者的信息源，同时，竞争情报方对于文化认同程度高的供应链系统通常会更加关注，这些现象主要受信息源搜寻习惯驱使；竞争情报搜寻者社会交往的范围大就会使其更有可能获得可信性和权威性高的信息源，而其更多依赖人际情报网络搜集信息源则是方便性和使用习惯的驱使。

二、供应链竞争情报方信息源选择能力评价模型

如上所述，供应链竞争情报方信息源选择受到供应链信息源本身、竞争情报方信息源价值识别、竞争情报方的任务类型与特征以及外部环境等四个方面因素的共同影响，其能力应是这四方面能力的集成。考虑到每种能力影响因素多且构成复杂，本文采用模糊综合评价法评价；同时，受邀参评专家对指标赋权值带有明显的主观性，采用层次分析法（AHP）测算各指标权重。因此，本研究应用 Fuzzy - AHP 评价模型对供应链竞争情报方信息源选择能力进行综合评价。

（一）采用 AHP 法测算指标权重

1. 构造比较判断矩阵

设比较判断矩阵 $\boldsymbol{A}=\{a_{ij}\}$，$(i,j=1,2,\cdots,n)$，其中 a_{ij} 是以目标要素 $\boldsymbol{A}$ 为准则，对准则层次的 n 个要素进行两两比较来确定的。判断尺度采用 Satty 的 1～9 标度。

2. 权重测算及一致性检验

比较判断矩阵的特征向量 $\boldsymbol{W}$ 为各要素的相对重要性向量。运用和积法作归一化处理，计算各比较判断矩阵的最大特征值和特征向量，得到层次单排序权值 $\boldsymbol{W}$，最大特征根 $\lambda_{\max}$，一致性 $C.I.$ 和一致性比值 $C.R.$。如有必要（当 $C.R.>0.1$），依照 Satty 提出的一致性指标修正法进行修正。

（二）建立模糊评价矩阵

1. 建立评语集 $\boldsymbol{V}$

本研究设定模糊评价等级 $V=(V_1,V_2,V_3,V_4,V_5)$，依次为很强、强、一般、不强和很不强，并作相应赋值（见表 4 - 1）。

表 3-1　不同评价等级赋值表

评价等级	很强	强	一般	不强	很不强
百分制区间值	90～100	80～89	70～79	60～69	小于 60
组中值	95	85	75	65	30

2. 建立模糊评价矩阵 $\boldsymbol{R}$

根据模糊评价五个等级，判定各评价指标，进而确定全部指标的隶属度 r_{ij} $(i=1,2,\cdots,n;j=1,2,\cdots5)$，和第 i 个评价指标的隶属度向量 $R_i=\{r_{i1},r_{i2},r_{i3},r_{i4},r_{i5}\}$，由此得到该层各指标的隶属度值，即：

$$\boldsymbol{R}=\begin{pmatrix} r_{11} & r_{12}\cdots & r_{15} \\ r_{21} & r_{22}\cdots & r_{25} \\ \vdots & \ddots & \vdots \\ r_{n1} & r_{n2}\cdots & r_{n5} \end{pmatrix}$$

3. 进行模糊综合评价

进行模糊矩阵的合成运算，建立模糊综合评价模型：

$$\boldsymbol{B}=\boldsymbol{W}^{o}\times\boldsymbol{R}$$

式中："$\boldsymbol{O}$"为模糊算子，采用加权平均型，即 $\boldsymbol{B}_j=\sum_{i=1}^{n}\boldsymbol{A}_i\times\boldsymbol{R}_{i,j}$。若 $\sum_{j=1}^{m}\boldsymbol{B}_j\neq 1$，进行归一化处理。

在多层次指标体系中，则由底层向上递推，逐层计算指标评价值直到目标层。

三、供应链竞争情报方信息源选择能力评价

考虑到供应链竞争情报方信息源选择能力由高质量信息源的访问能力、信息价值的识别能力、任务的完成能力以及环境影响的处置能力等构成，因此，评价供应链竞争情报方信息源选择能力是对上述能力的综合评价。具体评价步骤如下：

1. 构建供应链竞争情报方信息源选择能力评价指标体系

供应链竞争情报方信息源选择能力是多种能力集成作用的结果，这些能力包括高质量信息源的访问能力、信息价值的识别能力、任务的完成能力以及环境影响的处置能力等。其中，高质量信息源的访问能力涉及高质量信息源的确定、克服高质量信息源访问的障碍因素和访问高质量信息源的应对措施得当等能力；信息价值的识别能力包括信息价值识别基础能力、信息价值识别过程能力和信息价值识别处置能力；任务的完成能力涉及明确所要完成的任务、任务类型的匹配和任务特征的判断等能力；环境影响的处置能力涉及环境影响竞争情报方的信息需求、环境影响竞争情报方选择偏好和环境影响竞争情报方选择行为等能力。于是，笔者构建了供应链竞争情报方信息源选择能力评价指标体系，见图 3-2。

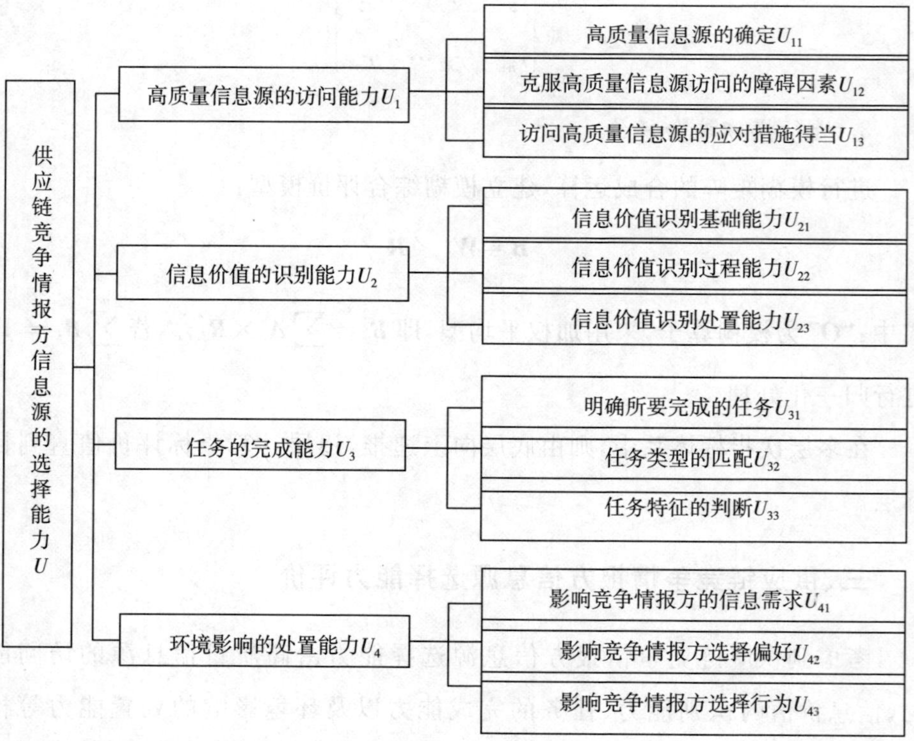

图 3-2　供应链竞争情报方信息源选择能力评价指标体系

2. 组织评价

(1)设计能力评价表,分别寄送给 10 名情报学或信息管理研究方面的专家,请专家独立对某供应链竞争情报方信息源选择能力进行评价,针对 4 个一级指标和 12 个二级指标给出评价等级,专家评价结果见表 3-2。

建立供应链竞争情报方信息源选择能力评价一级指标(U_i)和二级指标(U_{ij})判断矩阵,根据 AHP 的指标权重计算方法,求出各层指标的权重向量,见表 3-3。给出各层供应链竞争情报方信息源选择每个指标的评价等级的评价能力描述值,经归一化处理,得出供应链竞争情报方信息源选择模糊评价能力描述值,见表 3-3。

表 3-2　专家评价汇总表

U_{ij} \ V	V_1(很强)	V_2(强)	V_3(一般)	V_4(不强)	V_5(很不强)
U_{11}	2	6	2	0	0
U_{12}	1	3	5	1	0
U_{13}	1	6	3	0	0
U_{21}	0	0	2	6	2
U_{22}	3	5	2	0	0
U_{23}	1	6	3	0	0
U_{31}	3	6	1	0	0
U_{32}	0	1	5	3	1
U_{33}	0	1	5	4	0
U_{41}	0	2	2	4	2
U_{42}	0	1	4	3	2
U_{43}	0	1	4	4	1

(2)将二级指标(U_{ij})的最终评价结果作为一级指标(U_i)的模糊评价能力描述值,对一级指标(U_i)进行评价,得出评价值,见表 3-4。

(3)计算供应链竞争情报方信息源选择能力总评价值,对照表 1 不同评价等级赋值表,得出供应链竞争情报方信息源选择能力总的评价值为 74.51,见表 3-4。

表 3-3 指标权重及其模糊评价能力描述值

总目标	一级指标（U_i）		二级指标（U_{ij}）						
	指标	权重	评价指标	模糊评价能力描述值：很强	强	一般	不强	很不强	权重
供应链竞争情报方信息源选择能力 U	高质量信息源的访问能力	0.2727	高质量信息源的确定	0.2	0.6	0.2	0	0	0.3512
			克服高质量信息源访问的障碍因素	0.1	0.3	0.5	0.1	0	0.3058
			访问高质量信息源的应对措施得当	0.1	0.6	0.3	0	0	0.3430
	信息价值的识别能力	0.2582	信息价值识别基础能力	0	0	0.2	0.6	0.2	0.2620
			信息价值识别过程能力	0.3	0.5	0.2	0	0	0.3755
			信息价值识别处置能力	0.1	0.6	0.3	0	0	0.3625
	任务的完成能力	0.2535	明确所要完成的任务	0.3	0.6	0.1	0	0	0.3824
			任务类型的匹配	0	0.1	0.5	0.3	0.1	0.3011
			任务特征的判断	0	0.1	0.5	0.4	0	0.3165
	环境影响的处置能力	0.2156	影响竞争情报方的信息需求	0	0.2	0.2	0.4	0.2	0.3274
			影响竞争情报方选择偏好	0	0.1	0.4	0.3	0.2	0.3274
			影响竞争情报方选择行为	0	0.1	0.4	0.4	0.1	0.3452

表 3-4 一级指标模糊评价能力描述值及评价值

	一级指标（U_i）	模糊评价能力描述值：很强	强	一般	不强	很不强	评价值
供应链竞争情报方信息源选择能力 U	高质量信息源的访问能力	0.13512	0.50826	0.32604	0.03058	0	80.49
	信息价值的识别能力	0.1489	0.40525	0.23625	0.1572	0.0524	78.10
	任务的完成能力	0.11472	0.2912	0.34704	0.21693	0.03011	76.68
	环境影响的处置能力	0	0.13274	0.33452	0.36726	0.16548	65.21
	总评价值	0.10438	0.34569	0.31001	0.18311	0.0569	74.51

3. 评价结果分析

该供应链竞争情报方信息源选择能力的评价值为74.51,表明专家认为该供应链竞争情报方信息源选择能力一般。从供应链竞争情报方信息源选择能力的四个一级指标来看,高质量信息源的访问能力在良好等次,说明其信息源的访问能力较强;信息价值的识别能力和任务的完成能力虽然高于总体评价值,但其能力都均属中等等次;而环境影响的处置能力最差,处于及格等级。因此,该竞争情报方应努力提升信息源选择能力,注意加强信息价值的识别能力和任务的完成能力的建设,尤其应重视环境影响的处置能力的培养。

四、研究结论

供应链竞争情报方信息源选择是供应链竞争情报方面临不确定环境或特定供应链信息源时,基于自身价值判断和明确的信息需求,从多个供应链信息源里选择所需信息源的决策。竞争情报方开展信息源选择工作,获得供应链核心机密信息,已成为赢得与供应链竞争的关键。供应链竞争情报方信息源选择能力是多种能力的有机集成,这些能力包括高质量信息源的访问能力、信息价值的识别能力、任务的完成能力以及环境影响的处置能力等。由于竞争情报方在信息源选择多种能力上的差异性,加之能力的集成受到诸如供应链的差异、竞争情报方与供应链的关系、产业环境等因素的影响,制约了竞争情报方信息源选择能力的提高。因此,系统地分析竞争情报方信息源选择能力,将有助于竞争情报方了解其在供应链信息源选择中存在的能力不足,以便针对性地做好能力提升工作。

本章小结

本章对大数据时代供应链信息源搜集者——竞争情报方展开研究。首先,作者认为竞争情报方主观认识的差异和信息价值识别能力的高低,影响其对供应链信息源的价值大小判断，进而影响其信息源选择行为。信息源搜集者主观认识的差异主要表现在信息价值主观认识的片面性和多样性方面。信息价值主观认识的片面性强调信息价值的某一方面重要性，而忽略信息价值其他方面的作用；信息价值主观认识的多样性强调信息价值的系统影响，而忽略信息价值的关键作用发挥。信息价值识别能力的高低主要体现在信息收集指标体系构建，信息收集系统建设与管理，信息收集方法与程序应用，收集信息的整理、归类、分析与应用等。其次，作者提出供应链竞争情报方之间存在合作与竞争的双层关系，一方针对供应链系统的竞争情报行为可能会引起其他竞争情报方的警觉，甚至会采取不合作的行为，这对供应链系统的竞争情报各方的互利合作以及长期合作关系的维护是不利的。基于大数据时代供应链竞争情报博弈的七个基本假设，构建了基于不完全信息动态博弈的大数据时代供应链竞争情报的博弈模型，通过对模型的博弈均衡分析，最后在关于合作方类型的识别问题、关于驻点 α^* 和 β^* 的意义问题以及关于竞争情报双方行为对合作关系的影响问题等三个问题上给出了相应的结论。再者，竞争情报方有效地开展信息源选择工作，获得供应链系统核心的机密信息，已经成为竞争情报方赢得供应链竞争的关键。供应链竞争情报方信息源选择能力是多种能力的有机集成，这些能力包括高质量信息源的访问能力、信息价值的识别能力、任务的完成能力以及环境影响的处置能力等。系统地分析竞争情报方信息源选择能力，有助于竞争情报方了解自身在供应链信息源选择工作存在的不足，以便针对性地做好改进工作。

第四章 重大信息安全事件背景下竞争情报方供应链信息源选择的经验梳理

近年来，信息安全事件呈大幅增长态势，不仅给信息安全的被侵害方造成重大的信息资产和财务的损失，而且由于客户信息及企业内部敏感数据被窃取，也给其所在的供应链系统造成巨大的安全隐患，甚至导致整个供应链系统在与其竞争对手的抗衡中败下阵来。据 2018 年普华永道全球信息安全性调查，在中国的许多企业，尤其是技术为上的企业，对于网络安全的潜在威胁反应越来越敏捷，因为他们有很强的网络安全保护意识，期望先发制人，防范风险。大部分中国受访企业(83%)表示，数字化转型是促使其投资网络安全的重要契机。在具体的投资布局上，64%的受访企业将物联网安全(IoT)标记为最优先项，60%的受访者看重企业业务、数字化与 IT 三部分的融合，而生物识别技术和高级认证机制则位列第三，得到 57%受访者的认同。根据调查反馈，内地与香港有 46%受访者表示客户数据泄露是最直接影响，而财务损失(38%)和商业邮件入侵(36%)紧随其后。同时，由于智能设备在工作场所中的普及，46%的内地与香港受访企业将移动设备列为信息安全事件的攻击目标，攻击来源主要指向离任前雇员与竞争对手，二者比率十分接近，分别为 42%和 41%。内地与香港的企业在网络安全方面的平均投入比全球数值高出近四分之一(23.5%)，即每家企业平均预算达 630 万美元。72%的内地与香港受访企业对物联网安全战略已有积极回应，这一数值高于全球水平(67%)。本研究以2010年以来发生的重大信息安全事件为研究对象,梳理了重大信息安全事件背景下竞争情报方供应链信息源选择的主要做法,总结了重大信息安全事件给供应链当事方(即被侵害方)造成的危害,研究了重大信息安全事件背景下供应链当事方反竞争情报工作实践,提出了供应链当事方有效开展反竞争情报工作的有益建议,并从中得到一些有借鉴作用的启示。

第一节 2010年以来重大信息安全事件概览

本研究涉及的2010年以来重大信息安全事件的44个样本,分别来源于虎嗅网、比特网、应届毕业生网和红黑联盟等对重大信息安全事件或信息泄露事件的盘点,见表4-1。

表4-1 2010年以来重大信息安全事件一览表

序号	重大信息安全事件	序号	重大信息安全事件	序号	重大信息安全事件	序号	重大信息安全事件
1	富士康"内鬼"泄密	12	携程网安全支付不安全	23	美国Anthem数据泄露	34	美遭最大规模DDoS攻击
2	中国考研泄题案	13	微软停止XP支持	24	Hacking Team被黑	35	希拉里邮件门事件
3	三星电子泄露机密	14	OpenSSL心脏出血漏洞	25	3K党名单被曝光	36	银行恐嫌数据库被泄露
4	友达光电泄密案	15	小米论坛用户信息泄露	26	社保系统漏洞	37	德核电站检出恶意程序
5	前苹果员工出卖机密	16	苹果承认存在安全漏洞	27	网易邮箱数据泄露	38	美国安局网站遭入侵
6	东软商业秘密外泄	17	摩根大通银行数据泄露	28	国家旅游局漏洞	39	雅虎爆最大数据泄露

（续表）

序号	重大信息安全事件	序号	重大信息安全事件	序号	重大信息安全事件	序号	重大信息安全事件
7	南开经济数据泄密	18	智联招聘简历数据泄露	29	草榴社区数据泄露	40	SWIFT黑客事件
8	银行员工泄客户信息	19	索尼影业信息泄露	30	机锋网的数据泄漏	41	易到用车服务器遭攻击
9	1号店客户信息泄露	20	12306用户数据泄露	31	俄罗斯央行遭黑客攻击	42	驱动人生供应链事件
10	HTC被曝员工泄密	21	Ashley Madison被黑	32	德国90万家庭断网	43	委内瑞拉电网遭攻击
11	支付宝找回密码存漏洞	22	TalkTalk再遭黑客攻击	33	勒索软件攻旧金山地铁	44	GandCrab勒索病毒攻击

一、样本选取

2010年以来重大信息安全事件的44个样本分别来自2010年至2013年的十大企业泄密案、2014年十大信息泄露事件、2015年十大信息泄露事件、2016年全球十大网络安全事件、2018年信息安全大事件一览以及2019年网络安全事件回顾。样本选取的依据取决于网站的影响面大、公信力强、信息发布早、转载量大等因素，同时考虑样本数据时代性的特点，突出对近年来发生的重大信息安全事件的关注。

二、样本描述

1. 涉及行业

根据国家统计局国民经济行业分类（GB/T 4754—2011）标准，对上述44个样本所属行业进行分类，共涉及10个行业，具体包括信息传输、软件和信息技术服务业、制造业、金融业、居民服务、修理和其他服务业、租赁和商务服务业、公共管理、社会保障和社会组织、教育、电力、热力、燃气及水生产和供应业、卫生和社会工作以及文化、体育和娱乐业，见表 4－2。

表 4－2　2010 年以来重大信息安全事件所属行业统计表

序号	事件所属行业	发生数	2010—2013 年发生数	2014 年发生数	2015 年发生数	2016 年发生数	2018 年发生数	2019 年发生数
1	信息传输、软件和信息技术服务业	12	1	2	4	3	2	
2	制造业	7	5	2				
3	金融业	6	1	2		3		
4	居民服务、修理和其他服务业	6			3	2		1
5	租赁和商务服务业	4	1	3				
6	公共管理、社会保障和社会组织	3			2	1		
7	教育	2	2					
8	电力、热力、燃气及水生产和供应业	2				1		1
9	卫生和社会工作	1			1			
10	文化、体育和娱乐业	1		1				

2. 行业静态分布

通过对 2010 年以来重大信息安全事件的 44 个样本的总体分析，信息传输、软件和信息技术服务业以发生 12 次重大信息安全事件居于榜首，其次是制造业、金融业和居民服务、修理和其他服务业，上述 4 个行业发生重大信息安全事件总数达 30 次，占全部样本比为 68.2％；租赁和商务服务业、公共管理、社会保障和社会组织业、教育行业以及电力、热力、燃气及水生产和供应业分别录得 4 次、3 次、2 次和 2 次重大信息安全事件发生；卫生和社会工作以及文化、体育和娱乐业两个行业各发生 1 次重大信息安全事件，居于发生重大信息安全事件的行业排名后两位。

3. 行业变动趋势

在发生重大信息安全事件的全部10个行业中，信息传输、软件和信息技术服务业、金融业、居民服务、修理和其他服务业和公共管理、社会保障和社会组织等4个行业发生重大信息安全事件的概率在上升；制造业、租赁和商务服务业以及教育行业发生重大信息安全事件的概率则呈下降态势。2015年以来，制造业、租赁和商务服务业、教育以及文化、体育和娱乐业没有录得重大信息安全事件发生，而居民服务、修理和其他服务业以及公共管理、社会保障和社会组织行业则连续发生了重大信息安全事件，应引起高度重视。电力、热力、燃气及水生产和供应业、卫生和社会工作行业新近发生重大信息安全事件，而这两个行业事关国计民生，牵扯面广，影响面大，安全防护工作困难重重。

第二节　重大信息安全事件背景下竞争情报方信息源选择的主要方式

分析重大信息安全事件背景下竞争情报方信息源选择的主要方式，大体上可以通过竞争情报方选择信息源的主要类型加以研判。如前所述，信息源的类型大体上分为三类，一是按信息的存在形式划分的实物型信息源、文献型信息源、电子型信息源以及网络型信息源；二是按信息源与信息使用者所在组织的关系划分的内部信息源和外部信息源；三是按信息源的性质划分的人际信息源和非人际信息源。针对按信息的存在形式划分的信息源，竞争情报方可以通过样品、样机等实物、记录信息的各类载体、移动存储设备、网络传输各种电子资源数据等方式获取相关信息；针对按信息源与信息使用者所在组织的关系划分的信息源，竞争情报方可以通过企业内部人（如高管、涉密员工）、外部关系网络（包括合作关系方、外部人际关系、各种信息交流平台等）获取相关资料和信息等方式获取相关信息；针对按信息源的性质划分的信息源，竞争情报方可以通过人际关系网络、非人的信息载体等方式获取相关信息。

一、重大信息安全事件中竞争情报方信息源选择的主要类型

笔者根据上述三种分类标准对2010年以来重大信息安全事件中竞争情报方选择的信息源进行分类，具体分类情况见表4－3。

表4－3　2010年以来重大信息安全事件中竞争情报方选择信息源的主要类型一览表

序号	重大信息安全事件	信息源选择的主要类型	序号	重大信息安全事件	信息源选择的主要类型
1	富士康“内鬼”泄密	实物型、内部、人际	23	美国Anthem数据泄露	网络型、电子型、外部、非人际
2	中国考研泄题案	实物型、内部、人际	24	Hacking Team被黑	网络型、电子型、外部、非人际
3	三星电子泄露机密	电子型、内部、人际	25	3K党名单被曝光	网络型、电子型、外部、非人际
4	友达光电泄密案	人际、内部	26	社保系统漏洞	网络型、电子型、外部
5	前苹果员工出卖机密	人际、内部、电子型	27	网易邮箱数据泄露	网络型、电子型、外部、非人际
6	东软商业秘密外泄	内部、文献型、人际	28	国家旅游局漏洞	网络型、电子型、外部、非人际
7	南开经济数据泄密	内部、电子型、人际	29	草榴社区数据泄露	网络型、电子型、外部、非人际
8	银行员工泄客户信息	内部、电子型、人际	30	机锋网的数据泄漏	网络型、电子型、外部
9	1号店客户信息泄露	内部、电子型、人际	31	俄罗斯央行遭黑客攻击	网络型、外部、非人际
10	HTC被曝员工泄密	内部、电子型、文献型	32	德国90万家庭断网	网络型、外部、非人际
11	支付宝找回密码存漏洞	网络型、电子型、外部	33	勒索软件攻旧金山地铁	网络型、外部、非人际

（续表）

序号	重大信息安全事件	信息源选择的主要类型	序号	重大信息安全事件	信息源选择的主要类型
12	携程网安全支付不安全	网络型、电子型、外部	34	美遭最大规模DDoS攻击	网络型、外部、非人际
13	微软停止XP支持	网络型、电子型、外部	35	希拉里邮件门事件	网络型、电子型、外部、非人际
14	OpenSSL心脏出血漏洞	网络型、电子型、外部	36	银行恐嫌数据库被泄露	网络型、电子型、外部、非人际
15	小米论坛用户信息泄露	网络型、电子型、外部	37	德核电站检出恶意程序	网络型、电子型、外部、非人际
16	苹果承认存在安全漏洞	网络型、电子型、人际、内部	38	美国国安局网站遭入侵	电子型、外部、人际
17	摩根大通银行数据泄露	网络型、电子型、外部、非人际	39	雅虎爆最大数据泄露	电子型、外部、非人际
18	智联招聘简历数据泄露	内部、电子型、人际	40	SWIFT黑客事件	网络型、外部、非人际
19	索尼影业信息泄露	网络型、电子型、外部	41	易到用车服务器遭攻击	网络型、外部、非人际
20	12306用户数据泄露	内部、外部、网络型、电子型	42	驱动人生供应链事件	网络型、外部、非人际
21	Ashley Madison被黑	网络型、电子型、外部、非人际	43	委内瑞拉电网遭攻击	网络型、外部、非人际
22	TalkTalk再遭黑客攻击	网络型、电子型、外部、非人际	44	GandCrab勒索病毒攻击	网络型、外部、非人际

由表4－3可知，在2010年以来的44起重大信息安全事件中，信息源类型属于人际信息源的事件为12件，占比27.7％，属于非人际信息源的事件为24件，占比54.5％，无法判断的为8件，占比18.2％；信息源类型属于外部信息源的事件为32件，占比72.7％，属于内部信息源的事件为13件，占

比29.5%，既包括外部信息源又包括内部信息源的事件为1件，占比3%；信息源类型属于实物型信息源的事件为2件，占比4.5%，属于文献型信息源的事件为2件，占比6%，属于电子型信息源的事件为32件，占比72.7%，属于网络型信息源的事件为31件，占比70.5%。

二、重大信息安全事件中竞争情报方信息源选择的主要类型变动趋势

1. 人际型信息源逐步减少，非人际型信息源逐步增加

在2010年以来的44起重大信息安全事件中，人际型信息源出现11起，主要集中在2014年以前，2015年以后以非人际型信息源为主，达到23起，而人际型信息源只占1起。其中的原因可能有两个方面，一是各类组织普遍重视信息安全教育，防范信息情报泄密的意识普遍增强，由泄密引发的主体责任追究的震慑作用促使企业员工加强自我管理、自我约束；二是网络与信息技术的发展使得竞争情报方获取信息的渠道发生变化，传统的人际渠道的地位在下降，通过网络信息系统获取信息的方式受到高度重视。

2. 内部信息源逐步减少，外部信息源逐步增加

总体上看，通过外部信息源获取信息的方式要远高于内部信息源，两者的事件占比为31∶12，既通过外部信息源又通过内部信息源获取信息的事件仅为1件。具体到信息安全事件发生的年度，2014年以前竞争情报方主要通过内部信息源获取信息，而在2014年以后，竞争情报方则主要通过外部信息源获取信息。其中的原因除了与上述非人际型信息源逐步增加的原因类似外，信息获取技术尤其是窃密技术的提高可能是一个重要原因。

3. 实物型、文献型信息源逐步减少，电子型、网络型信息源逐步增加

在2010年以来的44起重大信息安全事件中，实物型、文献型信息源泄密各发生2起，且都在2014年以前。2014年以后，泄密信息源类型由实物型、文献型信息源转变为电子型、网络型信息源，且两者的事件数量相当，分别为32件和31件。其中重要的原因在于信息存储和传输的方式的变革，信息源泄密也变得更加隐秘。

4. 单一信息源泄密逐步减少，多种信息源并用逐步增加

2014年以来，泄密的单一信息源逐步减少，多种信息源并用逐步增加。就2014年以后发生的34起信息泄密事件而言，泄密的信息源全部在三种以上，其中泄密信息源达到三种的为20起，占58.8%，泄密信息源达到四种的为14起，占41.2%。具体到信息源来说，外部信息源32起，网络型信息源31起，电子型信息源25起，非人际信息源22起，人际信息源2起，内部信息源2起。从中可以看到，从信息源与信息使用者所在组织的关系上看，外部信息源泄密十分突出；在四种信息的存在形式中，以网络型信息源和电子型信息源泄密的方式居多；从信息源的性质来看，非人际信息源要明显多于人际信息源。

三、重大信息安全事件中竞争情报方信息源选择的主要方式

1. 注重利用外部信息源获取信息

从2010年以来的44起重大信息安全事件，尤其是2014年以来的34起信息安全事件中可以看出，竞争情报方特别重视利用外部信息源获取信息。外部信息源包括与组织有合作关系的各种研究机构、信息使用者的外部关系网络、各种学术报告会、科技展览会以及研讨会等。随着企业与外部联系的日益紧密，企业开展合作研究甚至是国际合作研究正成为常态，信息使用者的外部关系网络日益庞杂，各种名义的国际、国内学术报告会、展览会、研讨会等各种信息交流平台层出不穷，泄密已然成为一种常态。

2. 注重利用现代信息技术获取信息

竞争情报方无论是通过电子型信息源还是网络型信息源获取信息情报，其背后都离不开现代信息技术的支持。电子型信息源涉及的数字存储设备以及网络型信息源涉及的通过网络传输的电子资源数据都是基于现代信息技术基础之上的。可以说，现代信息技术的发展，使得竞争情报方获取信息的方式和手段更加的隐秘，更加难以被反竞争情报方识破，对被侵害企业造成的损失也更加难以评估。

3. 注重利用非人际的信息载体获取信息

随着社会的发展，非人际的信息载体已经不再局限于技术期刊、相关文献、研究报告等，还包括企业的各类数据库、个人电脑中保存的电子文档、通过网络传输的各类数据资料等。因此，过去的研究认为，相较于非人际信息源，信息使用者更愿意使用人际信息源获取信息。而随着人际信息源被非人际信息源取代，过去的研究结论也已过时。竞争情报方更倾向于通过企业的各类数据库、个人电脑中保存的电子文档、通过网络传输的各类数据资料等新的非人际信息载体获取信息。

4. 注重多种手段的综合利用获取信息

通过对 2010 年以来重大信息安全事件中竞争情报方选择的信息源进行分类分析，可以发现每一起重大信息安全事件背后都有两种及以上的信息源，且信息源的种类和数量有逐渐增加的趋势，体现出竞争情报方越来越重视依靠多个信息源、借助多种信息收集手段来获取信息。近年来，随着网络型、电子型、外部、非人际等信息源泄密事件的频频发生，泄密手段也由传统的笔记本电脑、U 盘、打印、扫描、电子邮件、MSN、电话、短信、磁带等办公常用的信息传播载体和人际传播路径，逐步向着互联网平台、智能移动手机、数据库泄露、黑客入侵、病毒传播、恶意软件等新型信息传播载体、隐秘信息窃取方式和非人际传播路径转变，给重大信息安全事件的受害方的反竞争情报工作带来极大的难度。

第三节　重大信息安全事件给供应链当事方造成的危害

一、核心信息资产被窃取

从被窃取的信息资产来看，无论是受害方自有的信息资产（如富士康“内鬼”泄密、三星电子泄露机密、东软集团商业秘密外泄等等），还是受害方托管、维护、提供外包服务、行政管理、信息交互平台等涉及的信息资产（如中国考研泄题案、南开经济数据泄密、国家旅游局漏洞、网易邮箱数据泄露、银行业恐嫌数据库被泄露等等），都是至关重要的核心信息资产，一旦泄密，都会给受害方或者其所提供服务的对象造成重大的物质的或精神的损害，甚至对公共安全和社会治理构成威胁。例如，在东软集团商业秘密外泄案中，犯罪嫌疑人李某某伙同公司 CT 机研发部核心人员张某、杜某等 19 人盗取东软公司商业秘密，在沈阳经济技术开发区内进行 16 排医用 CT 机研发，本案犯罪嫌疑人窃取公司核心技术，导致公司研发项目延迟。还比如，2019 年 5 月 26 日，易到用车服务器遭攻击，易到用车官网瘫痪，App 也无法正常使用，攻击导致易到用车核心数据被加密，服务器宕机。

二、财务损失巨大

重大信息安全事件当事方的财务损失往往十分巨大，全球企业由于安全事件导致的平均财务损失下降 5%，而中国大陆及香港企业这一数值则上升 10%，这其中大体涉及以下四个方面：一是核心信息资产研发费用可能的损失。在诸如富士康"内鬼"泄密、三星电子泄露机密、东软集团商业秘密外泄等重大信息安全事件中，竞争对手以非常低廉的成本获得核心信息资产，让受害方多年的研发努力付诸东流。二是金融系统的信息安全事件直接造成巨款的丢失。如黑客利用 SWIFT 系统漏洞入侵了一家又一家金融机构，造成孟加拉国央行 8100 万美元巨款失窃，厄瓜多尔 Banco del Austro 银行约 1200 万美金被盗，俄罗斯中央银行遭黑客攻击 3100 万美元不翼而飞。三是因竞争力的下降造成的财务损失。竞争对手凭借不当获得的重大信息资产，不仅短时间内提升其核心竞争力，而且由于成本优势和后发优势，其市场竞争力十分突出，形成对信息安全事件受害方市场的蚕食和营收的下降。四是对信息安全事件受害方所在的供应链系统造成的财务损失更是难以计数。供应链攻击一直以隐蔽、高效著称。例如 2018 年发生的供应链攻击有火绒安全最先曝光的针对驱动人生公司进行的攻击，有由于 NodeJS 库作者随意给相关库权限导致被攻击者植入后门的攻击，也有感染易语言模块并使用“微信支付”进行勒索的勒索病毒。供应链中任何薄弱的地方都有可能导致供应链攻击的发生。信息安全事件受害方竞争力的下降通过供应链系统迅速传递，导致整个供应链条竞争力的下降，在供应链与供应链间的竞争中失去优势，进而引致供应链系统财务风险的扩散。

三、关键性基础设施遭受破坏

回顾近年来发生的重大信息安全事件，如社保系统漏洞、国家旅游局漏洞、OpenSSL心脏出血漏洞、德核电站检测出恶意程序、银行业恐嫌数据库被泄露等，黑客关注的不仅仅是各种核心数据的窃取，更多的是针对一些关键性基础设施，政府、金融机构、能源行业、公共服务部门都成了黑客攻击新的目标。黑客攻击关键性基础设施已经具有反政府、反社会、反人类的网络恐怖主义特征，可能引起全社会的恐慌。例如，2019年3月7日和9日，委内瑞拉电网的电子系统遭电磁攻击，导致委全国大范围的停电。这次电力系统遭受攻击的目的，就是要瘫痪委内瑞拉民生基础，彻底瓦解民心，从而“手不血刃”，达到目的，支持反对派上台。

四、给供应链系统造成巨大的安全隐患

作为供应链系统的成员企业，无论是作为盟主型企业还是非盟主型企业，掌握着整个供应链系统的关键信息资产或者有调用关键信息资产的权限。重大信息安全事件当事方的信息安全漏洞，无论是存在于盟主型企业还是非盟主型企业的信息安全漏洞，都将给竞争对手(可能是关键信息资产的窃取方或关键信息资产的购买方)窃取关键信息资产的机会，进而危及整个供应链系统的信息安全。如富士康“内鬼”泄密、苹果承认存在安全漏洞、雅虎爆最大数据泄露等等，都会给各自企业所在的供应链系统带来安全隐患。然而，供应链中的大多数节点企业并未做好准备，没有应对供应链系统信息安全风险的有效办法。例如，Crowdstrike对全球1300家的调查表明，有90%的公司“没有做好准备”应对供应链网络攻击。

第四节　重大信息安全事件背景下供应链当事方防范信息源泄密的工作实践

根据对2010年以来重大信息安全事件中事件泄密关键因素的分析，了解人员泄密、信息安全漏洞和黑客攻击等泄密关键因素在重大信息安全事件中扮演的角色，对于指导供应链当事方防范信息源泄密工作具有很强的针对性。2010年以来重大信息安全事件中事件泄密关键因素统计分析见表4-4。

一、重点管控两类特殊群体，防止内部员工泄密

根据对2010年以来重大信息安全事件中泄密人员来源的分析，在涉及人员泄密的11起泄密案中，泄密主体主要是三大类人员：一是高管，4起，占36.4%；二是特殊职位员工，5起，占45.5%；三是重大信息相关人员，2起，占18.1%，表4-4。因此，高管和特殊职位员工两类群体在泄密案件中超过了80%的比例，所以这两类特殊群体理应成为信息安全的重点管控对象。

表4-4　2010年以来重大信息安全事件泄密关键因素统计表

序号	事件泄密关键因素		发生数	2010—2013年发生数	2014年发生数	2015年发生数	2016年发生数	2018年发生数	2019年发生数
1	人员泄密	高管	4	4					
		特殊职位员工	5	5					
		其他	2	1			1		
2	安全漏洞		14		8	6	2	1	1
3	黑客攻击		19		2	4	7	1	1

根据《公司法》第二百一十六条规定，“高级管理人员”是指公司的经理、副经理、财务负责人，上市公司董事会秘书和公司章程规定的其他人员。显然，高管是企业管理层中担任重要职务、负责企业经营管理、掌握企业重要

信息的人员。尽管高管受法律、公司章程和劳动合同的三重约束，高管泄密事件仍不时发生。一方面，高管直接参与公司重大决策，了解公司核心机密，使得高管泄密具有便利性；另一方面，针对高管的保密管制措施难以取得成效，就算是公司部署了内网安全软件防范信息泄露，不能排除高管通过人际情报网络泄密，甚至高管离职后的商业机密外泄更是难以监管，只能借助于法律的规制。在特殊职位员工泄密方面，特殊职位员工通常来自公司的企划部、研发部、技术部、采购部、信息维护与服务等多个关键部门，是能够接触到机密信息的一类特殊人群。由于该类群体的分散性，导致了泄密源追索的困难，因此在信息安全监管上应特别重视对特殊职位员工的权限限定，只能让这类群体人员接触到少量的、片段化的、结果性的信息，力求做到即使信息泄露也不至于造成对企业的重大损失。

二、加强信息安全系统的维护，堵塞信息安全漏洞

梳理2010年以来的44起重大信息安全事件，其中由于信息安全系统存在漏洞造成重大信息安全隐患或信息泄露的达到16起，占36.4%，见表4-4。信息安全系统存在漏洞主要是由于其主体的不作为，没有采取必要的信息安全管理措施，没有要求或配合信息安全服务企业更新技术手段、完善信息安全系统，致使其关键信息数据未得到有效的加密保护。因此，在当今大数据时代，无论是政府、企业还是全球化组织都离不开数据的采集、整理、存储、传输和使用，数据资产是各类组织发展的生命线，捍卫数据安全，堵塞信息安全漏洞，成为各类信息资产主体的首要任务。对于供应链系统来说，加强系统各节点企业之间的合作，加强与第三方企业供应链服务平台的合作，争取政府信息安全领域的资源支持，将有助于堵塞供应链系统的信息安全漏洞，切实有效防止关键数据的泄密。

三、防范黑客攻击，斩断黑客利益链条

盘点2010年以来的44起重大信息安全事件，其中由于黑客攻击造成重大信息安全隐患或信息泄露的达到19起，占43.2%，见表4-4。近年来，黑

客攻击次数明显呈上升态势，日益成为诱发重大信息安全事件的主要原因。当然，研究未考虑由于信息安全系统本身存在漏洞而诱使黑客攻击的可能性。从这19起黑客攻击引发的重大信息安全事件来看，出于经济因素发起的攻击的4起，出于窃取隐私目的发起攻击的5起，出于政治目的发起攻击的4起，黑客内讧引起的2起，恶意程序发作引发的2起，恶作剧2起。因此，黑客攻击原因的多样性以及希望实现目标的多元性，加之黑客攻击有时打着维护正义的旗号，博得不少的同情甚至支持，甚至有国家支持的政治黑客行动参与其中，这些都使得防范黑客攻击的难度日益加大。重大信息安全事件发生后，涉事方往往通过成立专门机构、升级系统、要求用户重新修改密码、打击黑客产业链条等方式加以应对。

第五节 重大信息安全事件背景下防范供应链信息源泄密的建议

全面分析重大信息安全事件给当事方造成的巨大损失以及当事方的反竞争情报工作实践，可以使企业对重大信息安全事件的危害有着清醒的认识，对当事方在反竞争情报工作中的应对策略及其效果进行深入的分析，有助于信息安全事件的当事方积极应对泄密问题。

一、重视三大行业的反竞争情报工作

梳理2010年以来的44起重大信息安全事件，信息传输、软件和信息技术服务业、制造业和金融业等三大行业为重大信息安全事件的多发行业，特别是信息传输、软件和信息技术服务业和金融业发生重大信息安全事件的频次上升的趋势应引起足够的重视，而随着信息化和工业化的深度融合，制造业的信息化改造进程不断加速，但制造业信息安全工作并没有及时跟上，传统的信息安全管理工作无法解决新的信息安全问题，造成企业关键数据资料泄密的风险。重大信息安全事件的发生不仅给企业造成巨大的财务损

失，更会增加其推进信息化的阻力，迟滞其转型升级步伐。此外，居民服务、修理和其他服务业的重大信息安全事件有后来居上的趋势，由于该行业事关国计民生，影响面大，出现重大信息安全事件甚至会引起全社会的恐慌，相关行业企业甚至政府应保持高度警惕。

二、安全漏洞和黑客攻击已成为泄密的主要原因

在人员、安全漏洞和黑客攻击三大泄密关键因素中，安全漏洞和黑客攻击泄密已经成为泄密的主要原因。随着大数据、云计算、人工智能时代的到来，信息系统的安全性问题愈加突出，关键数据的收集、整理、存储、传输和使用过程的每一个环节，都有可能遭遇安全漏洞和遭受黑客攻击。单个企业信息安全都难以做到，更不应说整个供应链系统的信息安全的脆弱性。因此，保障供应链系统的信息安全关键在于供应链各节点企业的高度重视，全员参与。从反竞争情报业务角度来看，一方面，加强信息安全系统的常态化维护，尽可能堵塞信息安全漏洞；另一方面，加密设置要兼顾到系统层、应用层与数据层，尤其不能忽视对重要数据采取加密、分置、取消共享、读取设限等措施，防范黑客攻击。

三、关键性基础设施的破坏应引起足够的重视

近年来，针对政府、金融机构、能源行业、公共服务部门等领域的一些关键性基础设施的黑客攻击次数明显增加，已经成为诱发重大信息安全事件的一个重要原因。我国《网络安全法》规范了关键信息基础设施的安全与保护法律制度，范围涵盖公共通信和信息服务、能源、交通、水利、金融、公共服务、电子政务等重要行业和领域。由于这些关键性基础设施影响面大且涉及广泛的社会公众利益，所以它一旦受到黑客攻击而酿成重大信息安全事件的话，必然引起社会公众的极大的恐慌。因此，必须加强对政府、金融机构、能源行业、公共服务部门的信息安全保护工作，综合应用技术、管理和法律手段应对黑客攻击行为，明确认定诸如勒索软件攻击旧金山地铁、银行业恐嫌数据库被泄露、德核电站检测出恶意程序等黑客行为为网络恐怖主义

行为，加大此类黑客攻击行为的震慑力度，保护各种关键性基础设施并使其安全有效的运转。

四、从供应链系统的高度审视信息安全问题

某些重大信息安全事件（如三星电子泄露机密、友达光电泄密案、前苹果员工出卖机密等事件）的发生，看似是单个企业的信息安全事件，实则为影响该企业所在供应链的信息安全事件，因此，必须从供应链系统的高度审视信息安全问题。一方面，供应链系统中的每一个节点企业要有风险意识和安全担当，把好自己的门，看好自己的人；另一方面，在供应链系统的整合与协作中避免信息的泄露，特别要注意加强对数据调用和信息传输过程的安全监管。例如，2018 年，美国发布《国家网络战略》，针对联邦政府、国防系统、关键基础设施、交通运输、下一代信息通信基础设施等领域的供应链安全管理提出了具体要求，主要包括促进供应链风险态势及相关信息共享，加强供应链风险审查评估，推动相关标准的实施应用等。

五、关注泄密事件背后的利益链条

深入剖析 2010 年以来的 44 起重大信息安全事件，大体可以发现隐藏在事件背后的两大黑客利益链条，即经济利益链条和政治利益链条。一个完整的黑客链条由老板、病毒编写程序员、流量商、盗号者和贩卖商等多个节点组成，各个节点分工明确，其中“老板”处于整个链条的顶端，他对产业链的各个环节进行分工和协调，把病毒的制造、贩卖、传播、使用以及盗号、销赃等活动有机整合为一体。单纯为了获取经济利益的“老板”往往主导经济利益链条，而有政治背景的“老板”则在运行政治利益链条。虽然信息安全事件特别是网络信息安全事件取证工作很难，但是黑客利益链条现象提示我们可以从病毒产业链的某个薄弱环节入手，顺藤摸瓜，找出重大信息安全事件的始作俑者。例如，2018 年，以 GandCrab 为代表的勒索病毒日渐猖獗，他们不再“单兵作战”，形成角色分工明确的利益链条。这一利益链条大体涉及勒索病毒作者、勒索实施者、传播渠道商和代理 4 个角色。具体来

说，病毒作者主要负责编写制作，与安全软件对抗；勒索实施者从病毒作者手中拿到定制版源程序，通过自定义病毒信息得到专属病毒，与病毒作者进行收入分成；传播渠道商则帮助勒索实施者完成病毒传播；作为重要的一环，代理向受害者假称自己能够解密勒索病毒加密的软件，索要赎金，从中赚取差价。

第六节　重大信息安全事件背景下防范信息源泄密的启示

通过对2010年以来典型重大信息安全事件的初步梳理，可以看到重大信息安全事件的发生涉及行业广泛，影响国计民生，不仅会给被侵害方造成全方位的损害，而且会通过供应链、产业链的传导，给整个供应链、产业链生态系统造成巨大的负面冲击，影响产业链、供应链的稳定。本研究全面总结了重大信息安全事件背景下涉事企业反竞争情报工作的主要做法，给出了供应链企业有效开展反竞争情报工作有益的建议，对于供应链企业维护自身及整个供应链系统的信息安全具有积极的推动作用。同时，透过重大信息安全事件背景下企业的反竞争情报工作，可以得到如下四点启示。

启示一：供应链系统的信息安全工作关键在人。从梳理的重大信息安全事件来看，无论是事件发生前的预警、发生时的及时处置、还是发生后的经验教训总结，每一阶段的工作都离不开关键部门、关键岗位上的关键人。供应链系统预警系统的设计、信息安全事件爆发前的各种迹象研判、及时提交供应链决策层的准确高效的信息安全分析报告、供应链决策层在信息安全方面关键决断、各供应链参与方执行信息安全工作方案、信息安全事件处置过程中的灵活应对、信息安全事件结束后的经验教训总结等等，都需要供应链各节点企业从事信息安全工作的专门人员来组织开展相关工作。因此，供应链系统各节点企业应注意加强对信息安全工作关键部门和关键岗位上人的信息安全意识、职业能力、敬业态度、合作精神等方面的教育培训工作，相关领导人员更要以身作则，起到标杆作用。

启示二：供应链系统信息安全的侵害方由单一主体向集团主体的演化。从梳理的重大信息安全事件来看，不少事件的背后可见利益链条的身影，供应链系统信息安全的侵害方由单一主体向集团主体的演化，因此，供应链系统信息安全管理环境已悄然发生变化。这种变化既有不利的一面，也有有利的一面，需要辩证地加以对待。不利的一面在于，供应链系统面临的信息安全侵害将会更加的周密，侵害造成的损失有放大的趋势；有利的一面在于，侵害方可追踪的信息将会更多，便于尽快找到侵害方，使得反击更为迅即、精准。

启示三：供应链系统信息安全的侵害方动机多元化应引起高度重视。从梳理的重大信息安全事件来看，虽然不少事件背后的侵害方仍然出于经济利益实施不法侵害，但是一些事件背后的侵害方却打着政治的、道德的甚至个人喜好等旗号为害供应链信息安全。因此，供应链系统信息安全的侵害方动机多元化应引起高度重视。首先，供应链系统尤其是核心节点企业应尽可能避免卷入政治纠纷；其次，供应链系统尤其是核心节点企业应及时准确披露自身的经营及社会责任报告，在道德方面不给某些不轨之人以可乘之机；再者，供应链系统尤其是核心节点企业尽可能做到宣传的客观，考虑到各类群体的兴奋点，做到不偏不倚。

启示四：供应链系统信息安全的保障工作应体现系统思考，把握关键环节。从梳理的重大信息安全事件来看，供应链系统信息安全的保障工作涉及供应链各参与方以及各自内部多部门的协作，尤其要注意信息的共享和步调的协调一致，因此，在供应链系统信息安全方面应体现系统思考的理念。由于供应链信息安全问题的产生及其造成的危害已经从单个节点延伸至整个供应链，因此供应链系统在信息安全问题上要有一盘棋思想，要能够体现系统观念。同时，供应链系统尤其是核心节点企业要特别注意容易诱发供应链信息安全问题的关键部门、关键岗位和关键人员，把握关键环节，有的放矢的开展信息安全保障工作。

本章小结

面对屡屡发生的信息安全事件及其给受害方造成的重大的信息资产和财务资金的损失，面对事关国计民生的重要基础设施遭受的黑客攻击，面对重大信息安全事件给供应链系统造成巨大的安全隐患，需要加强对泄密源的排查，实施必要的安全防控措施，对于预防信息安全事件的发生，减轻信息安全事件造成的损失至关重要。本章以 2010 年以来发生的重大供应链信息安全事件为研究对象，分析竞争情报方信息源选择的主要方式，探讨了重大供应链信息安全事件给供应链当事方造成的危害，梳理供应链系统应对竞争情报方信息源选择的反制措施及其成效，给出了供应链信息源泄密的防范建议，得出了重大供应链信息安全事件背景下供应链系统防范信息源泄密的启示。

第五章　大数据时代供应链竞争情报方信息源选择的理论体系构建

大数据时代，供应链竞争情报方信息源经历了由传统信息源向大数据信息源的转变，信息生产、贮存、加工、传播等各个信息产生环节都发生了巨大的变化，并由此带来竞争情报方信息源选择中出现了一些新问题，分析问题产生的原因进而提出破解之道。进一步探究大数据时代供应链竞争情报方信息源选择的影响因素及其作用机理，比较大数据时代供应链竞争情报方信息源选择的主要理论模式，探讨大数据时代供应链竞争情报方信息源选择理论视角演化的主要趋势，为大数据时代供应链竞争情报方信息源选择提供理论指导。

第一节　大数据时代供应链竞争情报方信息源选择的概念体系

一、供应链竞争情报方传统信息源选择

1. 供应链传统信息源

供应链信息源既可以是生产和存储供应链信息的供应链各节点企业，也可以是与供应链系统存在业务关系、依存关系甚至是战略合作关系的第

三方机构，甚至是包含供应链信息的多种物理或数字媒介。因此，供应链信息源的内涵十分丰富，它不仅包括各种供应链信息的载体，如传统印刷型文献资料、现代电子图书报刊、各类音像资料、各级各类数据库等，也包括各种掌握供应链信息的机构及其工作人员，如供应链各节点企业、业务关联企业、第三方机构及其中的工作人员。

供应链传统信息源是指依靠传统的方式进行信息生产、贮存、加工、传播的供应链信息源。在供应链传统信息源的信息生产方面，信息生产源于供应链基本的业务活动(即供应链商流、物流、资金流和信息流)以及这些基本业务活动背后的组织管理工作如供应链系统各节点企业的决策、计划、组织、领导、控制和创新等活动所形成的信息，很少或基本没有应用大数据技术对本供应链的业务活动的历史数据加以分析；在供应链传统信息源的信息贮存方面，信息贮存主要依靠传统介质进行，很少或基本没有应用大数据存储技术，如采用 MPP 架构的新型数据库集群(重点面向行业大数据)、基于 Hadoop 的技术扩展和封装(针对非结构化数据的存储和计算)以及大数据一体机(专为大数据的分析处理而设计的软、硬件结合的产品)。在供应链传统信息源的信息加工方面，信息加工主要通过传统方式进行，如数理统计方法、计算机模拟方法以及认知信息加工方法等，很少或基本没有应用相似关联、隐式搜索、社群＋大数据等大数据加工技术；在供应链传统信息源的信息传播方面，信息传播主要依靠供应链系统各相关方的业务关联关系进行，很少或基本没有应用搜索引擎＋大数据的应用方式。

2. 供应链竞争情报方传统信息源选择

供应链竞争情报方传统信息源选择是指供应链竞争情报方出于获取供应链关键信息资源的目的，对供应链传统信息源进行梳理、甄别进而选择的工作过程。首先，竞争情报方选择特定传统信息源是基于自身战略的需要。在当今社会，企业间的竞争逐步让位于供应链间的竞争，获取供应链竞争对手的关键信息资源，掌握其发展战略目标、核心竞争力及其来源、关键核心节点企业的辐射带动作用等，对于竞争情报方赢得竞争优势、实现战略目标十分关键。其次，对供应链传统信息源进行梳理和甄别是十分必要的。供应链传统信息源本身也是十分复杂的,不仅有各节点企业经营管理中产生的信息,更有企业间信息系统传递的信息,涵盖整个供应链系统的商流、物流、资金流和信息流。因此,竞争情报方需要对供应链传统信息源进行梳理和甄别,以便收集自身所需要的信息情报。再者,选择供应链传统信息源要立足实际,顺势而为。竞争情报方要根据自身的实际,立足已掌握的供应链集成化信息系统和人际情报网络情况,在信息情报产生、传递的某个特定环节获取信息情报。

二、大数据时代供应链竞争情报方信息源选择

1. 大数据时代供应链信息源

大数据时代供应链信息源是指供应链系统应用大数据技术进行信息的生产、贮存、加工、传播的供应链信息源。大数据时代,供应链系统虽然也保留了一些传统的信息源,但是其信息源也呈现出一些体现大数据时代特点的新的表现形式,如供应链各节点企业对信息和知识的大数据分析和寻找在垂直领域的业务及应用,第三方机构凭借其与供应链系统建立的业务关系、依存关系甚至是战略合作关系存储了大量的供应链系统信息,供应链信息的存储大量的是通过数字媒介进行的等。

大数据时代供应链信息源增加了两个重要的类型,即情境信息源和用户背景信息源。所谓情境信息源是指利用大数据技术对供应链各种情景信息进行数据挖掘得到的信息源,供应链情境信息包括国家宏观政策及其影响、行业政策及其变迁、国家宏观经济数据、国际贸易数据、行业数据、主要竞争对手发展态势等。所谓用户背景信息源是指利用大数据技术对供应链各种背景信息进行数据挖掘得到的信息源,供应链用户背景信息包括用户的名称、住址、电话、兴趣爱好、消费偏好、购买能力、品牌忠诚度等,应用大数据技术对不同来源的用户背景信息进行综合处理,实现对众多用户背景信息的集成,使其发挥更大的商业价值。

2. 大数据时代供应链竞争情报方信息源选择

大数据时代供应链竞争情报方信息源选择是指供应链竞争情报方出于

获取供应链关键信息资源的目的，对大数据时代供应链信息源进行梳理、甄别进而选择的工作过程。针对大数据时代供应链信息源新的表现形式，竞争情报方信息源选择策略上也有所不同。首先，针对供应链各节点企业的信息源选择。大数据时代，竞争情报方应注意追踪供应链各节点企业对信息和知识的大数据分析和寻找在垂直领域的业务和应用的工作活动，深入分析供应链各节点企业需要获得支持的现有或潜在的业务活动，而此类业务活动正是与其竞争优势形成相联系。其次，针对供应链第三方机构信息源的选择。大数据时代，竞争情报方应注意从第三方机构与供应链系统存在业务关系、依存关系甚至是战略合作关系中梳理可能的关键信息源。如通过对与供应链系统有业务关系的物流公司的大数据分析，可以了解供应链系统的物流信息；通过对与供应链系统有业务关系的金融机构的大数据分析，可以了解供应链系统的资金流信息；通过对与供应链系统有业务关系的中介机构的大数据分析，可以了解供应链系统需要中介机构提供的公证性、代理性、信息技术服务性等中介服务的有关信息；通过对行业协会的大数据分析，可以了解行业协会在沟通政府与企业关系、协调和监督本行业企业的经营行为、统计并发布行业报告等工作中接触到供应链节点企业信息；通过对消费者组织的大数据分析，可以了解消费者组织在保护消费者合法权益过程中掌握的供应链节点企业信息；通过对新闻记者的宣传报道的大数据分析，可以了解新闻记者在宣传报道中可能涉及的供应链节点企业相关信息，等等。再者，针对以物理或数字媒介为信息源的选择。大数据时代，竞争情报方不仅要关注供应链系统大量存储的数字媒介信息，也要关注一些通过物理介质保存的重要信息。针对供应链系统数字媒介信息，竞争情报方可以从数字媒介信息的存储与管理、数据清洗、数据挖掘以及数据可视化过程中可能的薄弱环节入手开展竞争情报工作；针对物理介质保存的信息，竞争情报方可以从物理介质信息保管、借阅、复制等过程中可能的薄弱环节入手中开展竞争情报工作。

大数据时代供应链竞争情报方信息源选择既包括大数据信息源的选择，又包括传统信息源的选择，传统信息源的选择有时可以发挥重要作用。

根据近年来的《计算机犯罪与安全调查报告》，有85％以上的安全威胁来自组织内部，已超过病毒感染和黑客攻击所造成的损失，较主要的信息安全事件为内部泄密事件。其中，较容易忽视的是打印安全。调查显示，80％的打印泄密事件几乎都涉及较高等级甚至核心级的商业信息。由于打印泄密事件的特殊性，往往造成的破坏非常大，且破案率低，极大地损害了单位利益和国家利益。因此，打印机开始成为我们身边的信息"隐形杀手"。打印机泄密除了主机交互成"后门"、数据存储漏洞、硒鼓泄密等因素外，由于目前办公室场合采取分散管理模式，对办公打印输出没有严格要求，基本按部门或个人管理文印设备，没有集中的文印室，无专人管理文印设备，同样会造成机密信息的泄密。

大数据时代供应链竞争情报方信息源选择呈现两个主要的特点，一是信息源的前移，即由情报（信息）向数据的前移。供应链系统比较重视其情报（信息）的保密工作，竞争情报方直接获取供应链系统的情报（信息）越来越难，而观察供应链系统的数据特别是历史数据相对比较容易；二是信息源的多元化，由原先传统信息源向情境信息源和用户背景信息源的拓展，对于竞争情报方的竞争情报工作造成了很大的难度。

第二节　大数据时代供应链竞争情报方信息源选择中出现的新问题分析

大数据时代，供应链信息源出现了一些新的表现形式和重要类型，竞争情报方信息源选择策略也在不断作出调整。做好大数据信息源和传统信息源的双重选择，把握大数据时代供应链信息源选择出现的一些新的特点，竞争情报方需要梳理供应链信息源选择中出现的一些新问题，分析问题产生的原因并切实加以解决。这些问题包括竞争情报方的信息素养和认知结构受到挑战、供应链新的信息源与传统信息源的整合分析成为必然、竞争情报方信息源搜寻的信息主体正不断扩展、竞争情报方信息源选择的影响变量以及各变量之间的关系发生变化以及竞争情报方的社会属性正日益影响供应链信息源的选择等等。

一、大数据时代供应链竞争情报方信息源选择中出现的新问题

1. 竞争情报方的信息素养和认知结构受到挑战

随着供应链信息源的种类和数量不断增长，对竞争情报方信息素养的要求在不断提高。信息素养包括能够认识到精确和完整的信息是做出合理决策的基础，系统掌握信息和信息技术的基本知识和基本技能以及信息的社会伦理道德问题。因此，信息素养是由信息意识、信息知识、信息能力和信息道德四个要素共同构成的统一整体。大数据时代，信息意识的超前性可以使竞争情报方先于竞争对手感知到关键信息资源并加以捕捉；竞争情报方系统掌握信息和信息技术的基本知识和基本技能，可以对捕捉到的信息资源加以筛选和评估，确认其信息价值，并运用信息技术进行学习、合作、交流和解决问题；信息的社会伦理道德可以规范竞争情报方的行为，使竞争情报工作合法、合规的开展。

认知结构本质上就是人的头脑中的知识结构。大数据时代，竞争情报方有关信息源的认知结构发生很大的变化。如在传统的认知结构中，根据目标信息探究信息源是一条必由之路，然而在大数据时代，情境信息源和用户背景信息源的探究变得越来越重要；再如，信息源的前移，即由情报(信息)向数据的前移，竞争情报方将由对加工后的信息情报的重视逐步转向信息情报加工前的数据的重视。

2. 供应链新的信息源与传统信息源的整合分析成为必然

大数据时代，对供应链新的信息源与传统信息源的整合分析十分必要。首先，供应链新的信息源与传统信息源在功能上相互验证。供应链新的信息源主要是依靠大数据技术分析后得出的，其是否能够发挥供应链信息源的功能需要进一步的验证，而与传统信息源功能进行比对分析可以给出竞争情报方想要的结果。其次，供应链新的信息源与传统信息源在信息内容

上可以相互验证、相互补充。无论是供应链新的信息源还是传统信息源，对竞争情报方而言都是获取供应链关键信息渠道的来源，可以通过对从供应链新的信息源和传统信息源两类信息渠道获得的信息进行整合分析，相互验证、相互补充，更好地服务于竞争情报方的经营决策。再者，通过供应链新的信息源与传统信息源的整合分析，可以进一步探讨竞争情报方信息源选择的内部要素的有效配置，做到资源使用的合理化。同时，对竞争情报方信息源选择的内部要素作用机理进行分析，从理论上验证内部要素有效配置的科学性。

3. 竞争情报方搜寻的信息源主体正不断扩展

大数据时代，随着供应链新的信息源种类的不断增多，竞争情报方搜寻的信息源主体也随之不断扩展。竞争情报方搜寻的信息源主体由原来的供应链系统各节点企业、第三方机构和多种物理或数字媒介，向着情境信息源主体和用户背景信息源主体的扩展。就情境信息源主体而言，国家宏观政策和行业政策的参与制订者，国家宏观经济数据、国际贸易数据、行业数据的发布者，主要竞争对手的数据资料、替代品生产厂商的数据资料等。就用户背景信息源主体而言，所有掌握用户背景信息的机构和个人都是现实或潜在的信息源。

与此同时，竞争情报方原先搜寻的信息源主体的内涵也在不断丰富。例如，供应链各节点企业对信息和知识的大数据分析和寻找在垂直领域的业务和应用的工作活动本身就可能成为信息源主体，存在业务关系、依存关系甚至是战略合作关系的第三方机构与供应链系统间的数据交互、活动信息有可能成为信息源主体，一些新的数字媒介信息源如云存储数据有可能成为信息源主体。

4. 竞争情报方信息源选择的影响变量以及各变量之间的关系发生变化

如前所述，供应链竞争情报方信息源选择受到供应链信息源本身、竞争情报方信息源价值识别、竞争情报方的任务类型与特征以及外部环境等四个方面因素的共同影响。在大数据时代，竞争情报方信息源选择的四种影响因素以及各因素之间的关系发生了变化。首先，就供应链信息源本身而言，高质量信息源随着竞争情报方认知能力的提高会发生改变、随着竞争情报方竞争情报技术的提高，原本是高质量信息源访问的障碍因素可能不复存在、访问高质量信息源的应对措施也会随着时间的推移而发生改变；其次，就竞争情报方信息源价值识别而言，竞争情报服务环境的建设工作的重视与否影响信息价值识别基础的夯实、新的信息源的出现使得原先的信息价值识别过程需要作出调整、信息价值识别处置工作需要及时根据供应链系统的反制措施而作出调整；再者，就竞争情报方的任务类型与特征而言，不同的时间段，竞争情报方所要完成的任务是不一样的、任务类型的匹配因为所要完成的任务改变而改变、任务特征的判断也会因大数据技术的应用改变其判断的方式和方法；最后，就外部环境而言，环境的变化使得竞争情报方的战略经营目标发生改变进而导致所需信息的改变、环境紧张或相对缓和对竞争情报方信息源的选择偏好产生不同影响、竞争情报方选择行为会因为环境的变化变得相对理性。

5. 竞争情报方的社会属性正日益影响供应链信息源的选择

随着大数据时代的到来，竞争情报方的社会属性在供应链信息源的选择方面正发挥着日益重要的影响，具体表现如下：(1)竞争情报方的社会资本影响其信息源选择。Zimmer 等的研究表明，社会资本的结构、认知与关系维度对于人际信息源的感知质量和可获取性具有显著正向影响。就结构维度而言，竞争情报方的社会资本边界范围越大或者跨越了该边界，则更容易获取多种高质量信息源，尤其是人际信息源；就关系维度而言，竞争情报方与人际信息源之间交流程度和关系强度越大，越可能获得高质量信息源；就认知维度而言，信息源的可用性不仅是可以获得某种信息源，而且是能够有效理解并利用。(2)竞争情报方所处的社会结构影响其信息源选择。社会结构是社会主体社会活动和社会关系的存在方式，就竞争情报方而言，其社会位置结构和生活方式结构决定了其在与供应链系统各节点企业成员交往中可能达到的管理层级以及特定的管理岗位。(3)竞争情报方所属的社会阶层影响其信息源选择。社会阶层是具有相同或类似社会地位的社会成员，就竞争情报方而言，其现实的社会地位很大程度上决定了与供应链各节点企业形成交集的可能性与大小，进而影响其可能获得的竞争情报的质量的高低。

二、大数据时代供应链竞争情报方信息源选择中出现新问题的原因

1. 竞争情报方的信息素养提高和认知结构转变并非易事

竞争情报方的信息素养提高是一个系统工程，即要求竞争情报方在信息意识、信息知识、信息能力和信息道德四个方面全面提升。大数据时代，信息意识的觉醒是时代对竞争情报方的基本要求，竞争情报方应该自如地应用大数据的工具、方法，快速获得想要的数据及其分析结果，并以此作为决策的依据和行动的指南。因此，竞争情报方加强自身信息知识的储备，尤其是大数据的工具、方法应用方面的知识储备十分必要。同时，注重把信息知识应用到竞争情报工作中去，提升竞争情报方的信息技能，解决数据信息的收集、加工、分析和使用中可能出现的问题，促进运用信息技术进行学习、合作和交流，提高数据信息的使用效率。需要指出的是，竞争情报方应该自觉地用信息社会的伦理道德来规范自身的行为，使竞争情报工作合法、合规的开展。

认知结构的转变就是要持续不断地更新自己头脑中的知识结构，使其适应大数据时代信息爆炸的社会现实。大数据时代，适应信息源的快速变化，竞争情报方要及时转换有关的信息源的认知结构。如竞争情报方要改变自身的传统的认知结构，可以从多源数据的整合分析来追踪信息源，要注重利用情境信息源和用户背景信息源来收集目标信息。考虑到大数据时代信息源的前移问题，在重视加工后的信息情报收集的同时，特别注意对信息情报加工前的数据的收集，将竞争情报工作向数据端推移。

2. 供应链新的信息源与传统信息源的整合分析障碍重重

对供应链新的信息源与传统信息源的整合分析十分必要但却并非易事。首先，竞争情报方人口统计特征上的差异对供应链新的信息源与传统

信息源的整合分析感知是不一样的。年龄、性别、教育程度、收入水平、种族等个体人口统计特征对竞争情报方的信息源整合分析产生不同程度的影响。其次，竞争情报人员的职业和社会角色的不同对信息源整合分析的偏好也不同。在某一职业或社会角色内部，影响搜寻者信息源选择的因素也不尽相同，如学者对数据库、学术期刊（印刷/电子）、会议论文（电子）、图书馆、社交媒体、专著、预印本、教科书、人际信息源等进行整合分析。再者，信息搜寻者的心理和情感因素，如动机、信任、性格和情感、自我形象及隐私偏好等，对竞争情报方的信息源整合也具有明显影响。竞争情报方倾向于从自身社会关系网络可以达到的节点选择信息源整合进而获取信息。

3. 竞争情报方搜寻的信息源主体扩展受资源和认知能力的制约

大数据时代，供应链新的信息源种类的不断增多给竞争情报方搜寻信息源主体增加了难度，对竞争情报方搜寻信息源主体的资源和认知能力提出了更高的要求。首先，由于竞争情报方搜寻的信息源主体由原来的供应链系统各节点企业、第三方机构和多种物理或数字媒介，向着情境信息源主体和用户背景信息源主体的扩展，就必然要投入更多的人力、物力和财力用于新增信息源的搜寻。其次，新增信息源无论是从广度还是深度而言，都远远超过了供应链系统原有的信息源。竞争情报方不仅要第一时间拿到诸如国家宏观经济数据、国际贸易数据、行业数据、主要竞争对手的数据资料、替代品生产厂商的数据等相关数据资料，还要尽可能与掌握上述背景数据资料的机构和个人建立更为紧密的关系，了解上述数据资料出台的背景、可能的政策导向，从而研判对己方以及供应链系统的影响。再者，供应链系统原信息源内涵的丰富化也要求竞争情报方投入更多的资源。例如，针对供应链系统、供应链系统各节点企业、供应链系统与第三方的业务活动的信息和知识的大数据分析需要更多的资源支持。

另外，在供应链新的信息源问题上还存在一个认知能力不足的问题，即情境信息源和用户背景信息源是否应该归为供应链系统新增信息源，即使可以归为供应链系统新增信息源，其内涵和外延如何界定；在供应链垂直领域的业务和应用的工作活动本身能否成为信息源主体，存在业务关系、依存关系甚至是战略合作关系的第三方机构与供应链系统间的数据交互、活动信息能否成为信息源主体，一些新的数字媒介信息源如云存储数据能否成为信息源主体等方面，可能还存在认知能力不足的问题。

4. 竞争情报方信息源选择的影响变量以及各变量之间的关系难以把握

大数据时代，影响竞争情报方信息源选择的供应链信息源本身、竞争情报方信息源价值识别、竞争情报方的任务类型与特征以及外部环境等四种因素的变化难以准确把握。首先，供应链信息源不是一成不变的。一方面，供应链系统本身就处在变动之中，节点企业的加入和离开始终处在动态变化之中；另一方面，关键信息源也会随着供应链系统的战略转型而发生变化。同时，随着竞争情报方认知能力的提高，其对供应链系统信息源的认知也在发生变化；其次，竞争情报方信息源价值识别也在变化。随着竞争情报方日益重视竞争情报工作，加大竞争情报服务环境建设力度、针对新的信息源的出现主动调整原先的信息价值识别过程以及根据供应链系统的反制措施及时调整自身的信息价值识别处置工作，竞争情报方信息源价值识别工作质量不断提高；再者，竞争情报方的任务类型与特征在不同的时间段也需要作出调整。随着时间的推移和大数据技术的应用，竞争情报方的任务类型与特征也在发生变化，对竞争情报的要求相应地需要作出改变；最后，外部环境处在快速变化之中。为适应大数据时代外部环境的快速变化，竞争情报方根据外部环境出现的机遇与威胁，改变自身的经营战略目标，这就需要竞争情报工作能够提供战略调整所需要的信息资源，尤其是需要提供与主要供应链系统相关的信息资源。

与此同时，竞争情报方信息源选择的影响变量之间的关系也难以把握。影响竞争情报方信息源选择的四个变量之间存在相互影响、相互制约的关系。如供应链信息源本身的变化可能源于竞争情报方信息源价值识别能力的提高、外部环境的变化可能导致竞争情报方的任务类型与特征的相应调整、供应链信息源本身的改变会带来竞争情报方的任务类型与特征的改变等等。

5. 竞争情报方的社会属性影响难以判定

大数据时代,竞争情报方的拥有的社会资本状况、所处的社会位置结构和生活方式以及所属的社会阶层等社会属性因素对于其供应链信息源选择行为有着日益重要的影响,但是这些社会属性因素通常难以判断。其主要原因有:(1)竞争情报方的社会资本难以度量且影响面有限。一方面,就社会资本结构维度而言,竞争情报方的社会资本边界范围更可能是竞争情报方的主观感觉,接触、联系以及建立与供应链系统成员的良好个体间关系并不一定代表社会资本边界范围,关键要看接触、联系以及建立与供应链系统成员是否愿意提供供应链系统的关键信息情报;另一方面,竞争情报方的社会资本往往与人际信息源相关的多种高质量信息源提供相关,与非人际信息源如供应链集成化信息系统关联度低;就社会资本关系维度而言,判断竞争情报方与人际信息源之间关系维度的紧密程度并非易事,交流的广度和深度以及关系强度的大小均只能是竞争情报方的主观判断;就社会资本认知维度而言,对供应链信息源的认知与个体相关,认为重要的话,会引起高度重视,否则可能选择忽略某种信息源。(2)竞争情报方所处的社会结构既有正向影响又有负向影响。把自己定位于某一社会结构中的具体位置,有助于在供应链相应的位置上积累社会资本,但有可能忽略与其他位置人员的交往;同样地,长期养成的生活方式有助于结识志趣相投者,但有可能忽略生活方式差异的群体的感受。(3)竞争情报方社会阶层既有正向影响又有负向影响。具有相同或类似社会地位的竞争情报方社会成员与供应链各节点企业成员形成交集的可能性较大,有助于在相应的社会层级中积累社会资本,但有可能忽略与其他社会层级人员的交往。

三、大数据时代供应链竞争情报方信息源选择中出现新问题的破解之道

1. 努力提高信息素养,切实转变认知结构

大数据时代,提高信息素养、转变认知结构是做好供应链信息源选择工作的前提和基础。就提高信息素养而言,首先要培养超前的信息意识。大

数据时代，与信息源有关的信息既可能是直接的也可能是间接的，既可能是显性的也可能是隐性的，既可能以现代信息技术为载体也可能以传统技术为载体。因此，竞争情报方应树立超前的信息意识，把握所有可能的信息元素以搜寻可能的信息源；其次要掌握扎实的信息知识。大数据时代，随着网络信息技术的快速发展，信息知识呈现爆炸性增长，系统梳理信息知识体系，便于信息知识的学习和掌握；再者，努力提高信息能力。信息能力强调信息知识在竞争情报工作中的灵活应用，提升竞争情报方的信息能力就是要在信息的收集、加工、分析和使用中灵活应用学习的信息知识，解决实际难题，提高信息数据的使用效率和效果；最后要规范信息道德。信息道德是竞争情报方在竞争情报工作过程中用以规范人们相互关系的道德意识、道德规范和道德行为的总和。道德的力量来源于人的内心世界的行为认知，竞争情报方应该自觉地用信息社会的伦理道德来规范自身的行为。

认知结构的转变就是要持续不断地更新自己头脑中的知识结构，使其适应大数据时代信息爆炸的社会现实。一方面，竞争情报方要及时转换对信息源本身的认知。供应链信息源包括能够提供目标信息的供应链系统节点企业、第三方机构以及现实或潜在信息、数据或符号的多种物理或数字媒介。大数据时代，上述企业、机构和媒介产生大量的数据信息也可以被收集、加工和分析，以判断真正的信息源所在。另一方面，竞争情报方要及时转换自已有关信息源追踪方式的认知。在信息源的追踪方面，不要仅仅围绕上述企业、机构和媒介本身设计追踪方式，还要应用相应数据分析工具处理上述企业、机构和媒介生产的大量数据。

2. 消除供应链新的信息源与传统信息源整合分析的障碍因素

供应链新的信息源与传统信息源的整合分析受到诸如竞争情报方人口统计特征上的差异、职业和社会角色的不同以及心理和情感因素等的制约，有必要采取针对性措施加以解决。首先，针对竞争情报方人口统计特征上的差异对供应链新的信息源与传统信息源的整合分析感知差异的影响问题。一方面，加强对供应链新的信息源与传统信息源的整合分析必要性教育，使得不同年龄、不同性别、不同教育程度、不同收入水平、不同种族的竞争情报群体认识到开展整合分析工作的必要性；另一方面，加强对竞争情报群体心理的疏导，使得不同性别、不同种族的竞争情报者克服性别或种族障碍，积极支持开展两类信息源的整合分析。其次，竞争情报人员在信息源整合分析中要恪守职业道德，努力扮演好各自的社会角色。企业竞争情报人员既有专职的也有兼职的，他们对信息源的偏好可能不尽相同，但都应从组织发展的高度看待信息源的整合分析问题。同时，企业竞争情报人员扮演的社会角色不同，他们对信息源的关注点可能不同，有必要对他们的关注点加以延伸，全面系统看待信息源的整合分析问题。再者，发挥竞争情报方心理和情感因素的作用，促进竞争情报方的信息源整合。如把竞争情报方的动机转化为朝向信息源的整合分析的目标、利用竞争情报方的信任促成不同信息源的整合分析等。

3. 破除制约信息源主体扩展的资源和认知能力障碍

面对大数据时代供应链新的信息源种类不断增多的严峻局面，竞争情报方需要加大用于信息源主体搜寻的资源投入。首先，加大引进和培养大数据人才力度。随着供应链信息源主体由原来的供应链系统各节点企业、第三方机构和多种物理或数字媒介，向着情境信息源主体和用户背景信息源主体的扩展，迫切需要大数据分析师从事情境数据和用户数据挖掘工作，运用算法来解决和分析问题，让情境数据和用户数据显露出真相；迫切需要数据科学研究人才，将情境数据和用户数据转化为有用的商业价值；迫切需要数据可视化工程师负责收集高质量情境数据和用户数据，利用图形化的工具及手段的应用，清楚地揭示数据中的复杂信息，帮助竞争情报方更好地进行大数据应用开发。其次，需要增加与新增信息源事务处理的专设部门和人员。新增信息源无论是从广度还是深度而言，都远远超过了供应链系统原有的信息源，必须予以高度重视。增设的部门和人员专门处理情境数据和用户数据的收集和处理工作，专门联络掌握上述背景数据资料的机构和个人，以便了解上述情境数据和用户数据出台的背景、可能的政策导向，提前预判供应链系统可能的战略调整和业务的转型。再者，增加经费投入，保障竞争情报工作的顺利开展。首先，针对供应链系统、供应链系统各节点企业、供应链系统与第三方的业务活动的信息和知识的大数据分析需要资金支持；其次，针对增加与新增信息源事务处理的专设部门和人员的工作开展需要资金支持；再者，针对情景数据和用户数据的收集和处理工作需要资金支持。

认知能力不足制约了供应链新的信息源搜寻工作，需要引起足够重视。首先，需要明确大数据时代的情境信息源和用户背景信息源为供应链系统新增信息源。情境信息源和用户背景信息源之所以能成为供应链系统新增信息源，关键在于通过对它们的大数据分析可以预判供应链系统的战略调整和业务转型。其次，系统把握供应链系统新增信息源的内涵和外延。就内涵而言，所谓情境信息源是指利用大数据技术对供应链各种情景信息进行数据挖掘得到的信息源，所谓用户背景信息源是指利用大数据技术对供应链用户各种背景信息进行数据挖掘得到的信息源。就外延而言，受制于投入的各类资源和自身战略，竞争情报方会从情境信息和用户背景信息中挑选其认为感兴趣的信息加以分析，这可能限制了竞争情报方对供应链新的信息源的搜寻。

4. 准确把握竞争情报方信息源选择的影响变量以及各变量之间的关系

在影响竞争情报方信息源选择的变量把握方面，首先，动态追踪供应链信息源。一是要根据竞争情报方的战略转型及其对关键信息要求的变化，改变供应链目标信息源，二是要根据供应链系统战略调整、业务转型、组织结构变化等因素的变动，改变供应链目标信息源，三是要根据自身信息源认知能力的提高，改变供应链目标信息源；其次，不断提高信息源价值识别工作质量。竞争情报方要不断加大竞争情报服务环境建设力度、针对新的信息源的出现主动调整原先的信息价值识别过程以及根据供应链系统的反制措施及时调整自身的信息价值识别处置工作，把高质量的信息源挑选出来；再者，适时调整自身的任务类型与特征。任务是竞争情报方信息源选择的原动力，随着任务类型及其复杂性、重要性、紧急性和非例行性特征等方面的变化，信息源选择也在发生调整。其原因在于，不同的任务类型和特征在一定程度上影响了竞争情报方的个人心理状态以及对信息源的价值判断和选择策略;最后,适应外部环境的快速变化。外部环境的快速变化影响了竞争情报方信息搜寻者的心理,进而影响其行为的变化。当组织环境使员工感到应当优先完成工作任务时,会促使员工将信息质量作为信息源选择的重要考虑因素;而当组织环境使员工认为应首先满足社会交往时,员工会将社会风险作为重要的考虑因素。

在影响竞争情报方信息源选择的变量之间关系的把握方面,一方面,全面梳理影响竞争情报方信息源选择的四个变量之间存在相互促进、相互影响、相互制约的关系。例如,竞争情报方信息源价值识别能力的提高将改变其对供应链信息源重要性的判断,供应链信息源本身的改变和外部环境的变化可能导致竞争情报方的任务类型与特征的相应调整,竞争情报方的任务类型与特征的改变又会要求搜寻新的供应链信息源,等等。另一方面,利用四个变量之间存在相互促进、相互影响、相互制约的关系为信息源选择服务。例如,竞争情报方信息源价值识别能力提高后,可以将更重要的供应链信息源作为自己的目标信息源;供应链信息源本身的改变和外部环境变化后,竞争情报方可以根据新的任务类型与特征对供应链信息源搜寻工作作出调整;竞争情报方的任务类型与特征改变后,可以把供应链新的信息源作为搜寻目标信息源,等等。

5. 深入探究竞争情报方的社会属性本质,服务供应链信息源的选择工作

大数据时代,深入探究竞争情报方的社会属性本质,了解其拥有的社会资本状况、所处的社会位置结构和生活方式以及所属的社会阶层等社会属性因素在供应链信息源选择中的影响,利用这些社会属性因素服务供应链信息源的选择工作。首先,竞争情报方信息搜集人员要建立起与供应链系统相关节点企业成员间的联系,努力增加社会资本。一方面,要努力赢得对方的信任,推动双方规范且协调一致的行为,为可能的信息交流行为提供便利;另一方面,把社会资本看作一项稀缺资源,在拓展社会资本边界时,关键要接触、联系以及建立与供应链系统关键节点里的成员,选择那些愿意提供供应链系统的关键信息情报的成员。其次,了解自己所处的社会结构和生

活方式，但是不唯特定的社会结构和生活方式行事。一方面，利用自己所处的社会结构和生活方式，建立与供应链系统各节点相应的位置上人员联系，努力积累社会资本；另一方面，关注与自己所处的社会结构和生活方式不同的供应链系统各节点人员，扩大自己的联系面，尤其是那些尚未走上关键岗位上的、比自己社会地位低或生活方式差异的人员，为未来建立更为深入的关系打下基础。再者，建立跨社会阶层的广泛联系。竞争情报方信息搜寻人员不仅要建立与自己具有相同或类似社会地位的供应链系统各节点人员的联系，尽可能与其形成交集，在同一社会层级中积累社会资本，而且不能忽略与其他社会层级人员的交往，尤其是与有潜质的较低社会层级人员的交往，使得竞争情报工作不仅着眼现在更看中未来。

第三节　大数据时代供应链竞争情报方信息源选择的影响因素及作用机理

大数据时代供应链竞争情报方信息源选择受到内外部因素的共同影响。内部影响因素主要包括竞争情报方总体战略规划、竞争情报需求（任务）、信息搜寻者的个人因素、大数据技术应用能力等，外部影响因素主要包括供应链系统的信息安全管理水平、供应链系统的反竞争情报能力、竞争情报方所处的社会环境等。

一、大数据时代供应链竞争情报方信息源选择的外部影响因素及作用机理

1. 供应链系统的信息安全管理水平

供应链信息安全管理是对供应链信息安全全过程进行决策、计划、组织、领导、控制和创新一系列活动过程，以维护供应链信息的完整性、保密性和可使用性。一般而言，供应链系统的信息安全管理水平与竞争情报方信息源选择意愿间通常成反比例关系，即供应链系统的信息安全管理水平越

高，其信息资产的完整性、保密性和可使用性就越大，竞争情报方信息源选择意愿就越低；反之，供应链系统的信息安全管理水平越低，其信息资产的完整性、保密性和可使用性就越小，竞争情报方信息源选择意愿就越高。

2. 供应链系统的反竞争情报能力

供应链系统的反竞争情报是供应链系统及其节点企业为了防止竞争对手收集自己的情报，所采取的一系列灵活主动的措施。供应链系统的反竞争情报能力是指供应链系统针对现实和潜在竞争对手的竞争情报活动，开展反竞争情报工作，并由此而形成的保护供应链系统核心信息的能力。供应链系统反竞争情报能力是供应链系统的一种主动的机密信息的防卫行为，通过分析对手的竞争情报活动，预测对手可能采取的搜集机密信息的行动和预期达到的目标，从而提前采取相应的保护措施，保护供应链系统机密情报以免遭泄露。供应链系统反竞争情报能力是一种根据竞争对手竞争情报行为的变化而不断进行调整的动态能力，是一种集网络情报系统和人际情报网络于一体的综合能力，是一种由供应链系统核心节点企业直接指挥、其他节点企业密切配合的协同能力。供应链系统反竞争情报能力贯穿于整体供应链系统的、需要供应链系统各节点参与的、体现供应链系统综合素质的能力综合体。一般而言，供应链系统反竞争情报能力与竞争情报方信息源选择意愿间通常成反比例关系，即供应链系统的反竞争情报能力越强，其机密信息的防卫水平就越高，竞争情报方信息源选择意愿就越低；反之，供应链系统的反竞争情报能力越弱，其机密信息的防卫水平就越低，竞争情报方信息源选择意愿就越高。

3. 竞争情报方所处的信息使用环境

竞争情报方所处的信息使用环境包括政治环境、经济环境、社会环境和技术环境。经济环境主要涉及经济发展水平、规模、增长率、政府收支、通货膨胀率等，政治环境主要涉及政治制度、政府政策、国家的产业政策、相关法律及法规等，社会环境主要涉及人口、价值观念、道德水平等，技术环境主要涉及高新技术、工艺技术和基础研究的突破性进展。环境或情境要素会对个体信息源选择产生不同程度的影响，Ingwersen 等提出，社会-组织与文化、工作任务与搜寻任务构成一个整体的嵌套环境，对个体的信息搜寻与检索行为产生相对稳定的影响。Morrison 认为不同的组织环境会影响搜寻者的信息需求（如工作任务、角色特征、文化融入以及社会交往），并使搜寻者做出不同的信息源选择决策。甘利人等认为，个体所处的社会环境也是影响其信息源选择的因素之一，如高校科研人员容易受到所处工作环境及“就近原则”影响，进而选择学校所购买的数据库产品。范敏和邓小昭发现，环境对个体信息源偏好塑造和信息源选择行为产生着潜移默化的影响，并对个体搜寻任务产生外部推动作用。

二、大数据时代供应链竞争情报方信息源选择的内部影响因素及作用机理

1. 竞争情报方总体战略规划

从美国企业的竞争情报实践来看，企业是实践和推广竞争情报的最重要主体，很多大企业在战略规划部门设立竞争情报单位，在企业兼并购、新产品研发、市场开拓等重要战略中为高层管理人员提供决策支持。首先，竞争情报方总体战略规划的制订依赖于竞争情报。竞争情报专业人员需要深刻洞察组织战略和高层管理人员的意图，通过与情报需求方的反复沟通，将关键情报正确地转化为信息需求。通过竞争情报工作，了解供应链系统关键核心节点企业的发展战略选择、战略经营目标及实现目标的路径，了解供应链系统关键核心节点企业的资源与能力及其与所确定战略的匹配性，了解供应链系统总体战略规划的落实情况，以便适时调整自身的战略部署，在竞争中赢得主动。其次，竞争情报方总体战略规划的实施依赖于竞争情报。总体战略规划的实施需要将总体战略规划转化为各部门的具体计划，而具体计划的制定和落实同样需要竞争情报工作的支持。再者，竞争情报方总体战略规划的实施效果评估仍然依赖于竞争情报。竞争情报方总体战略规划的实施有没有达到预期效果，总体战略目标实现程度以及竞争力的提升情况是否符合预期，这些结果都需要竞争情报工作提供信息情报支持。

2. 竞争情报需求(任务)

竞争情报工作不仅服务于竞争情报方总体战略规划,而且对于日常经营管理工作同样十分关键,因此,竞争情报需求已经成为竞争情报方的一种常态化工作需要。一般而言,竞争情报需求是一个相对笼统的概念,是竞争情报方对某一类情报或某个领域情报的需求,通常难以测度。因此,这就需要竞争情报方的专职情报部门将竞争情报需求具体化,以下派任务的方式要求情报人员完成。竞争情报需求向情报工作任务的转化,使得竞争情报工作有的放矢。情报任务是竞争情报方为实现某个决策目标或期待达成某种活动结果而开展的一系列、针对性强的情报活动,是竞争情报方专职情报人员开展信息搜寻的原动力。需要指出的是,竞争情报需求向情报工作任务的转化中可能会发生偏差,其原因在于不能准确地理解竞争情报方的情报需求,或者理解了竞争情报方的需求但在明确情报任务时发生偏差。因此,有必要加强竞争情报部门与情报需求部门的沟通,准确把握情报需求部门的竞争情报需求。同时,对任务类型和任务要素要进行认真的梳理,深刻理解任务要素对信息源选择的影响机理,准确把握任务的复杂性、重要性、紧急性和非例行性等方面的特征。

3. 信息搜寻者的个人因素

信息搜寻者的个人偏好对于供应链信息源选择有着明显影响,而个人偏好通常受到信息搜寻者的人口统计特征、职业和社会角色、心理和情感因素以及社会资本的影响。首先,竞争情报方人口统计特征如年龄、性别、教育程度、收入水平、种族等方面的差异对供应链信息源的选择影响是不一样的。比如,年龄较长的信息搜寻者较依赖人际情报网络收集信息,而较为年青的信息搜寻者较倾向于利用网络系统、即时通讯工具等收集信息;性别因素影响搜寻者信息源选择的相关性在许多情境中得到了证实,Reddickh 和 Turner 发现,加拿大妇女偏好选择电话而非政府网站获取政府信息,但是当使用过电子政府的服务之后,对政府网站的满意度较男性群体更高;受过良好教育的信息搜寻者更有可能利用大数据技术进行信息源的搜寻;种族对信息源搜寻的影响得到了一些研究的证实,如白种人更倾向于从医护从业者处获取健康信息,西班牙裔人更愿意依靠传统媒体、家人和朋友获取健康信息,而非裔美国人则更多从电视和家人处获取健康信息。其次,竞争情报人员的职业和社会角色的不同对信息源整合分析的偏好也不同。竞争情报人员的职业和社会角色往往会产生信息搜寻的锚定效应,即会对某些特定信息源产生特别偏好,如学者对数据库、学术期刊(印刷/电子)、会议论文(电子)、图书馆等信息源会有特别偏好,而政府公职人员则对政府网站信息过于依赖。再者,信息搜寻者的心理和情感因素如动机、信任、性格和情感、自我形象及隐私偏好等影响信息源的搜寻工作。如信息搜寻者探究某类信息源的动机越强烈,越可能投入更多的人力、物力、时间等资源用于信息源的搜寻;信息搜寻者外向型的性格越有利于人际情报网络的建立和维护;重视自我形象的维护有助于维护良好的社会声誉,进而有助于良好人际关系的建立,等等。最后,社会资本有利于信息源的搜集。竞争情报方的信息搜集者建立起与供应链系统各节点企业多个管理层级人员的良好合作关系,广泛积累社会资本,对于供应链系统信息情报的搜集起到助推作用。

4. 大数据技术与应用能力

大数据时代,信息搜集者的大数据技术与应用能力对于供应链信息源选择有着重要影响。大数据时代,企业的数据库种类和数据量激增,美国企业情报机构的竞争情报源不再局限于公开信息和结构化的一手调查数据,利用大数据技术,围绕用户、市场、环境和政策等海量数据进行深度挖掘与分析,成为获取高价值情报的新手段,尤其社交媒体网站上大量用户生成内容成为获取竞争情报的重要数据源。信息搜集者的大数据技术与应用能力主要体现在大数据平台搭建与运维、大数据管理、大数据服务与开发等工作方面。通过大数据分析处理、数据仓库管理、大数据平台综合部署、大数据平台应用软件开发和数据产品的可视化展现与分析,根据供应链系统大数据来搜寻可能的信息源。

第四节 大数据时代供应链竞争情报方信息源选择的理论研究视角及其比较

大数据时代供应链竞争情报方信息源选择是竞争情报方从供应链系统多个信息源中选择一个或多个信息源的过程。竞争情报方信息源选择是一个主观抉择的过程，不仅受到自身资源的制约，供应链系统反竞争情报的限制，同时也受外部环境的影响。因此，大数据时代供应链竞争情报方信息源选择的理论研究大体从竞争情报方主体认知、资源条件、供应链系统反竞争情报以及外部环境等视角展开。

一、大数据时代供应链竞争情报方信息源选择的主要理论视角

1. 竞争情报方主体认知视角的研究

竞争情报方主体认知即竞争情报方以最为经济、最为合理的方式选择供应链信息源。相关理论研究包括最小省力法则（Principles of Least Effort）、成本-收益理论（Cost - Benefit Theory）、期望-价值理论（Expected Value Theory）、媒介丰富度规则（Media Richness Theory）等。

（1）最小省力法则

最小省力法则由美国哈佛大学的语言学教授 G. K. Zipf 于 1948 年提出，认为在口语交谈中，说话者只用一个词表达一个概念最省力，听话者也是对每个概念用一个词来理解最省力。1968 年，Gerstberger 和 Allen 将此法则引入信息源选择的实证研究中，发现工程师倾向于选择获取时花费精力最少的信息源，而非质量较高的信息源。Yitzhaki 和 Hammershlag 则将最小省力法则概念化为易获取性，并发现这一因素是影响信息源选择的最重要因素。此外，最小省力法则在易用性、物理距离、认知距离、可操作性、可理解性等因素影响信息源选择方面取得了一些具体的研究成果。

(2)成本-收益理论

成本-收益理论强调信息搜寻不仅要考虑搜寻信息的成本因素,还要把信息搜寻的收益考虑在内,即信息搜寻主体在进行信息源选择时要综合成本和收益两方面比较。Carlson 和 Davis 发现,信息源选择是成本和收益分析的最终结果。Zimmer 等认为由于高质量的信息源对特定任务有直接效用,所以被更多个体所偏好和选择。Ashford 发现,信息源选择是为了最大可能减少不确定性和提高任务完成能力,因而感知价值(质量)是信息源选择的主要决定因素。此外,成本-收益理论在信息源的稀缺性、信息源的价值、搜寻时间、搜索的满意度等因素影响信息源选择方面通常有较多应用,正是成本与收益综合考虑的结果。

(3)期望-价值理论

Atkinson 的期望-价值理论是动机心理学最有影响的理论之一。该理论认为,个体完成各种任务的动机是由他对这一任务成功的可能性的期待以及对这一任务所赋予的价值决定的。期望价值影响信息搜寻者对信息源的选择动机,当其认为有很大可能性搜寻到某个信息源,而该信息源又被其赋予很高的价值,则搜寻者对信息源的选择动机就会越强烈。Savolainen 认为信息需求可概念化为基于任务的期望价值信念,期望可分为效能期望与结果期望,价值可分为内在价值、成就价值、利用价值及相对成本,发现期望高低及价值类型影响搜寻者的信息源选择结果。在信息源选择问题上,期望-价值理论的出发点在于信息需要,而终点在于信息需要的满足,进而产生新的信息需要。因此,竞争情报方源源不断的新的信息需要是期望-价值理论得以在信息源选择方面应用的根本动力。

(4)媒介丰富性理论

媒介的丰富度是一个媒介客观及固定的资产,同时代表一个频道传播讯息量及内容的能力。媒介的丰富度会影响用户对媒介的选择、传播的过程及其任务的结果。媒介的丰富度与信息源的价值大小往往有直接的联系,即媒介的丰富度越大,信息源的价值往往越大。信息搜寻者信息源的获取可能性与媒介所承载的信息量密切相关。Daft 和 Len－gel 依据四个指标

（反馈速度、可选渠道类型、人际信息源和语言丰富程度）将信息渠道进行排序，发现面对面交流排在第一位，其次是电话、E-mail、私人信件、正式信件和官方数字媒体，从而验证了媒介所承载的信息量越大，越有利于信息搜寻者获得信息源。

2. 资源条件视角的研究

竞争情报方立足于自身的资源条件开展信息源搜寻工作是竞争情报工作的重要趋势之一。从美国的竞争情报系统实际应用趋势来看，美国研发强度高、规模大的高科技公司广泛采用了与CI（竞争情报）相比更专注于公司内部数据的商务智能（BI）系统，通过智能化手段管理和分析多源异构业务大数据，增强企业知识管理能力。企业集成化信息系统的建立是开展信息源搜寻的重要内部资源，其庞大的内部信息资源储备可以帮助信息源搜寻者开展工作。

竞争情报方对外部数据资源的利用及人际情报网的重视也是竞争情报工作的又一重要趋势。美国竞争情报系统专家提出，竞争情报倾向于以外部为中心、依赖具有高度上下文特征的公司外部非结构化数据，数据科学家、大数据分析以及人工智能并未消除对CI从业者认知能力、情感、直觉、经验的需求，竞争情报系统需要与企业员工构建紧密良好的关系，加强系统使用的制度化建设并融入企业竞争战略。对于外部数据资源的利用还体现在利用互联网进行信息的搜寻。如Kafai和Bates对小学生的调查发现，小学生选择网络信息源主要是由于网络信息数量庞大以及对网络信息源的较高期望价值。

人际情报网的重视体现在社会资本理论在信息源的选择方面的应用。社会资本是个体或团体之间的关联——社会网络、互惠性规范和由此产生的信任，是人们在社会结构中所处的位置给他们带来的资源。社会资本的社会网络特征及其产生的信任是信息搜寻者获取信息源尤其是人际信息源的根本保障。Zimmer等的研究表明，社会资本的结构、认知与关系维度对于人际信息源的感知质量和可获取性具有显著正向影响。

3. 供应链系统反竞争情报视角的研究

(1)供应链系统反竞争情报技术系统视角的研究

利用供应链系统反竞争情报技术系统的漏洞反向搜寻供应链系统信息源。一般而言，一个完善的竞争情报系统由竞争情报中心以及组织网络、人际网络和信息网络组成的“一中心三网络”的组织构架。竞争情报中心是整个竞争情报工作的中枢，它是为企业竞争情报决策提供信息资源支持；组织网络是企业竞争情报工作的平台，它保障了竞争情报系统的协调一致；人际网络是企业竞争情报重要的隐性情报源，它是收集、分析情报乃至影响对手决策的一个有效路径；信息网络涉及企业的内网与外网平台，通过管理信息系统整合与完善企业的竞争情报功能。因此，竞争情报方可以根据供应链“一中心三网络”的组织构架各自的功能定位及可能存在的漏洞开展信息源搜寻工作。

(2)供应链系统反竞争情报策略视角的研究

根据供应链系统反竞争情报策略的漏洞反向搜寻供应链系统信息源。一般而言，供应链系统的反竞争情报工作有两条路径，在供应链网络集成化信息系统反竞争情报工作中，需要明确核心节点及其主导的供应链共享信息平台数据库、非核心节点的机密信息及其存储的供应链系统的机密信息、第三方机构的网络系统为三个主要工作环节。而在供应链人际情报网络反竞争情报工作中，则需要重视节点企业外部人际情报网络和节点企业内部人际情报网络两个主要工作环节。因此，竞争情报方可以根据供应链系统反竞争情报策略的两条路径及各自主要工作环节可能存在的漏洞开展信息源搜寻工作。

4. 外部环境视角的研究

大数据环境下，竞争情报方的信息搜寻任务发生了很大的变化，对于供应链信息源选择有着直接的影响。大数据环境下的竞争情报数据具有敏感性、隐私性、碎片化和数据共享的特点，使得供应链信息源变得更为广泛，给竞争情报方的供应链信息源选择增加了难度。同时，随着互联网主题信息采集能力的提高，竞争情报方的数据存储、加工、分析和使用能力需要相应增强，以应对供应链新的信息源的挑战。

外部环境的改变也会通过组织这一开放系统影响组织内部，导致组织内部环境的变化。因此，供应链竞争情报方信息源的选择是在内外环境交织的情况下开展工作的。Ingwersen 等的研究表明，信息搜寻和检索设计与评估框架中，社会-组织与文化、工作任务与搜寻任务构成一个整体的嵌套环境，对个体的信息搜寻与检索行为产生相对稳定的影响。

二、大数据时代供应链竞争情报方信息源选择的主要理论研究视角的比较

通过对上述大数据时代供应链竞争情报方信息源选择的理论研究视角的梳理，可以发现在竞争情报方主体认知、资源条件、供应链系统反竞争情报以及外部环境等四个主要研究领域之间以及研究领域内部存在既有区别又有联系的关系，它们共同构成大数据时代供应链竞争情报方信息源选择研究的理论体系。

1. 四个主要研究领域的区别

(1)研究的出发点不同

竞争情报方主体认知视角研究是针对研究的主体认知开展的研究，即竞争情报方作为一个理性人在信息源搜寻过程中应有的行为规范，因此，研究强调竞争情报方以最为经济、最为合理的方式选择供应链信息源。如最小省力法则强调最少量的资源消耗、成本-收益理论强调资源投入产出效应、期望-价值理论表面上看是出于行为的动机但本质上仍然是一个行为价值的问题、媒介的丰富度理论则是将媒介的丰富度与信息源的价值联系在一起。资源条件视角研究立足于自身的资源条件开展信息源搜寻工作，即竞争情报方从自身的资源条件出发搜寻信息源。竞争情报方自身的资源条件包括内部信息资源储备、掌握的外部数据资源、人际情报网以及拥有的社会资本。供应链系统反竞争情报视角研究是利用供应链系统反竞争情报技术系统和反竞争情报策略系统的工作机理及可能的漏洞反向搜寻供应链系

统信息源。外部环境视角研究是根据竞争情报方的信息搜寻任务的变化调整信息源的选择策略。

(2)研究的侧重点不同

竞争情报方主体认知视角研究侧重于信息源选择工作的经济合理性。如最小省力法则强调低成本、成本-收益理论强调资源最大化产出、期望-价值理论赋予目标信息源很高的价值以说明信息搜寻者行为的合理性、媒介的丰富度理论认为媒介越丰富信息源价值越高。资源条件视角研究侧重于信息源选择工作的资源禀赋,竞争情报方依靠自身掌控的资源搜寻信息源。供应链系统反竞争情报视角研究侧重点在于研究供应链系统反竞争情报技术系统和反竞争情报策略系统,了解其工作机理及可能的漏洞,以便反向搜寻供应链系统信息源。外部环境视角研究侧重于研究外部环境的变化以及随之而来的信息搜寻任务的变化,进而调整信息源的选择策略。

(3)使用的研究方法存在差异

竞争情报方主体认知视角研究主要采用比较研究方法。如最小省力法则通过比较易获取性、易用性、物理距离、认知距离、可操作性、可理解性等的大小进行信息源的选择,成本-收益理论通过比较信息搜寻中的成本收益进行信息源的选择,期望-价值理论通过比较信息源的期望概率与赋予的价值大小收益进行信息源的选择,媒介的丰富度理论通过比较媒介丰富度与信息源价值高低进行信息源的选择。资源条件视角研究主要采用大数据资源的分析与智能化的管理来进行信息源的选择.社会资本理论在信息源选择中的应用也是该研究的一个重要方法。供应链系统反竞争情报视角研究主要采用情报学中的空白点研究方法,针对供应链系统反竞争情报技术系统和反竞争情报策略系统的薄弱环节来进行信息源的选择。外部环境视角研究主要采用大数据分析方法和信息搜寻和检索设计与评估框架,分析外部环境变化产生的大数据,依托信息搜寻和检索设计与评估框架来进行信息源的选择。

2. 四个主要研究领域的联系

(1)研究构成一个完整的体系

四个主要研究领域分别涉及研究的主客体和研究的内外环境，它们共同构成信息源选择的一个完整的体系。竞争情报方主体认知视角研究是从研究的主体出发来研究信息源的选择问题。如最小省力法则是竞争情报方对于信息源的易获取性、易用性、物理距离、认知距离、可操作性、可理解性等的大小主观判断后进行的信息源选择，成本-收益理论是竞争情报方对于信息搜寻中的成本收益进行比较后的信息源选择，期望-价值理论是竞争情报方对于信息源的期望概率与赋予的价值大小进行综合分析后的信息源选择，媒介的丰富度理论是竞争情报方对于媒介丰富度与信息源价值高低进行比较后的信息源选择。资源条件视角研究是从内部环境出发来研究信息源的选择问题，是竞争情报方对于掌握的资源的大数据分析、智能化管理以及社会资本的应用。供应链系统反竞争情报视角研究是从研究的客体出发来研究信息源的选择问题，针对客体存在的薄弱环节来进行信息源的选择。外部环境视角研究是从外部环境出发来研究信息源的选择问题，分析外部环境变化产生的大数据，根据信息搜寻任务的变化来进行信息源的选择。

(2)研究领域之间的关联性

首先，竞争情报方主体认知视角研究与资源条件视角研究之间的关联性。在竞争情报方主体认知视角研究中，最小省力法则与成本-收益理论都强调资源的节约，而资源条件视角研究强调竞争情报方对于掌握的资源的大数据分析和对拥有的社会资本的应用，两者在内部资源应用方面有共性的一面；其次，资源条件视角研究与外部环境视角研究之间的关联性。在外部环境视角研究中，存在外部环境变化影响内部资源的延展性研究，从而与资源条件视角研究结合起来；再者，供应链系统反竞争情报视角研究与外部环境视角研究之间的关联性。从竞争情报方视角来说，供应链系统反竞争情报视角研究也属于外部环境视角研究的一部分，具体来讲属于中观产业环境的一部分。

(3)研究领域内部的关联性

就竞争情报方主体认知视角研究而言,最小省力法则与成本-收益理论都强调资源的节约和收益的最大化;期望-价值理论与成本-收益理论的关联在于前者强调事先的特定信息源选择的动机,后者则以事后的成本收益评价为主;期望-价值理论和媒介的丰富度理论的关联在于都是以目标信息源的价值作为选择信息源的依据,区别之处在于前者考察信息源的期望价值而后者考察媒介(信息源)的丰富度。

三、大数据时代供应链竞争情报方信息源选择理论研究演进的主要趋势

1. 大数据技术日益广泛地应用到信息源选择理论研究之中

大数据时代,供应链信息源的种类和数量进一步增长,竞争情报方的信息素养、认知结构和大数据应用能力发生了很大的变化,供应链竞争情报方信息源选择的理论研究也在发生着变化,信息源选择的竞争情报方主体认知、资源条件、供应链系统反竞争情报以及外部环境等四个主要研究领域都可以引入大数据技术进行更为深入的研究。在竞争情报方主体认知研究方面,通过大数据分析,可以找到最为省力的信息源,从而实现信息源搜寻的易用、物理距离和认知距离最短、可操作性强、可理解等目的;可以对信息源选择时的综合成本和收益进行大数据分析,根据综合成本和收益的最佳组合作出信息源选择;通过大数据分析,得出每一种信息源搜寻任务的期望值以及任务被赋予的价值大小;通过大数据分析,了解不同媒介的信息丰富度与信息源价值之间的关系,以便精准定位信息源。在资源条件研究方面,通过大数据分析,了解竞争情报方资源储备与开展竞争情报工作的方式之间的关系,确定其是将竞争情报工作外包还是自己开展竞争情报工作;了解社会资本的结构、认知与关系维度与人际信息源的感知质量和可获取性间的关系,判断竞争情报方搜寻信息源的可能性。在供应链系统反竞争情报研究方面,大数据分析可以帮助评估供应链系统反竞争情报工作能力,以便分析搜寻信息源的阻力及对资源的要求。在外部环境研究方面,大数据分析

可以分析外部环境变化对信息搜寻任务的影响程度，预先判断任务调整的可能性。

2. 多学科交叉融合在信息源选择理论研究中日益彰显

针对大数据时代供应链竞争情报方信息源选择的四个主要研究领域成果的梳理来看，多学科交叉融合越来越明显。如在竞争情报方主体认知研究领域，心理学、经济学、组织行为学等学科理论被引入其中；在资源条件研究方面，资源经济学、管理学和社会资本理论被应用到信息源的搜寻中；在供应链系统反竞争情报研究方面，系统科学与情报学的整合受到重视；在外部环境研究方面，战略管理分析工具的使用、组织生态系统理论、管理学的交叉较为明显。

3. 大数据作为独立信息源的地位日益明显

大数据时代，供应链竞争情报方信息源选择的四个主要研究领域都面临海量数据的收集和分析问题，某些分析结果可以直接作为信息源的判断依据。如通过供应链系统反竞争情报大数据分析可以直接找出供应链系统的薄弱环节，以便开展信息源搜寻工作。Wei－land D 和 Blazquez D 认为社会化媒体丰富了传统信息源，大数据是重要信息源。

本章小结

本章系统介绍了大数据时代供应链竞争情报方信息源选择的概念体系；分析了供应链信息源选择中出现的一些新问题，如竞争情报方的信息素养和认知结构受到挑战、供应链新的信息源与传统信息源的整合分析成为必然、竞争情报方信息源搜寻的信息主体正不断扩展、竞争情报方信息源选择的影响变量及各变量之间的关系发生变化以及竞争情报方的社会属性正日益影响供应链信息源的选择等等，分析了上述问题产生的原因进而提出破解之道；探讨了大数据时代供应链竞争情报方信息源选择的影响因素及作用机理；比较了大数据时代供应链竞争情报方信息源选择的四个主要理论研究视角，并探讨了大数据时代供应链竞争情报方信息源选择理论研究演进的主要趋势。因此，本章以大数据时代供应链竞争情报方信息源选择中出现的新问题、影响因素及其作用机理研究为基础，侧重于大数据时代供应链竞争情报方信息源选择理论研究四个视角的比较研究，对大数据时代供应链竞争情报方信息源选择理论研究演进的主要趋势进行了探索，希望对于完善大数据时代供应链竞争情报方信息源选择理论研究有所帮助。

第六章 大数据时代竞争情报方供应链信息源选择的方法体系研制

梳理信息源选择方法研究的现有文献可以发现，学者们尝试应用人工智能技术（算法）、两种信息源搜寻模式（公开和隐蔽模式）、熵理论、可信度等方法进行信息源选择，取得了较为丰硕且有说服力的研究成果。如基于机器学习中分类的思想，采取“边分割、边识别”的分块策略；应用遗传算法，通过最大化选择和查询之间的相似性来解决信息源选择问题；信息使用者往往更愿意以隐蔽模式搜寻信息，只有当必要的信息必须通过直接询问才能获得时，才会更倾向于采用公开模式；减少条件熵，增加互信息，找出最佳信息源组合，可以在分析、评估信息来源的可信度的基础上作出信息源选择。与此同时，有关信息源定位方法的研究，如基于网络传播快照的信息源定位方法、基于观察点的信息源定位方法、基于部分传播路径的信息源定位方法以及基于主题的信息源定位方法等，为信息源选择方法研究提供了有益的借鉴和参考。考虑到大数据时代供应链信息源的两个主要来源，即供应链网络集成化信息系统和供应链人际情报网络，本研究将数据挖掘技术手段、关键决策信息反推方法与社会资本理论综合应用到竞争情报方供应链信息源选择的方法体系研制中，探究基于竞争情报方关键决策信息的供应链网络集成化信息系统和供应链人际情报网络各自不同的信息源选择的方法，并就两种信息源选择方法的融合进行了探讨。

第一节　竞争情报方供应链集成化信息系统的信息源选择的方法

一、供应链集成化信息系统的信息源

1. 供应链集成化信息系统的信息源概念

供应链集成化信息系统是供应链各节点企业内部供应链与外部合作伙伴(如中介机构、行业协会、消费者组织、新闻记者等第三方机构)集成起来的一个供应网链,是整个供应链信息安全系统的基础信息平台。供应链各节点通过高速数据专用线连接到 Internet 骨干网中,通过路由器与自己的 Internet 相连,再由 Internet 内主机或服务器为其内部各部门提供存取服务,如图 6-1 所示。

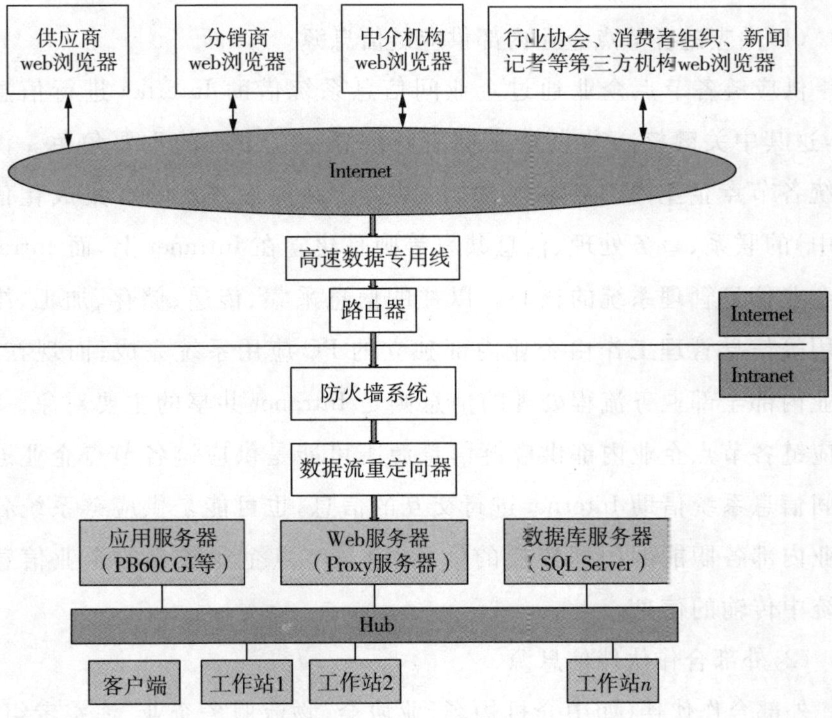

图 6-1　供应链集成化信息系统

供应链集成化信息系统是升级版的企业间信息系统，为企业内部的信息系统提供与外部供应链各节点的很好的接口，它实现了供应链合作伙伴间的信息交互与信息共享，消除了企业间传统的信息隔离状态。除信息集成外，供应链集成化信息系统还可以通过竞争情报的检测，筛选出数据流中的竞争情报信息流，将正常业务流与竞争情报信息流分开，从而实现了供应链信息系统的功能集成。

因此，供应链集成化信息系统的信息源则是指整个供应链信息安全系统的基础信息平台上的全部信息源，包括供应链各节点企业内部供应链信息源、外部合作伙伴信息源、供应链系统与外部合作伙伴协作信息源。总之，供应链集成化信息系统的信息源涵盖了供应链系统及与其有业务往来的外部合作伙伴，它们之间全部信息的生产、传播、加工和利用各环节均可能成为竞争情报方选择的信息源。

2. 供应链集成化信息系统的信息源类型

(1)供应链各节点企业内部供应链信息源

供应链各节点企业通过企业间信息系统借助 Internet 进行信息的交互，这其中关键核心节点企业扮演着信息交互中心的重要角色。供应链系统各节点企业内部各职能部门(以工作站的形式反映在集成化信息系统中)的联系、事务处理、信息共享等则是建立在 Intranet 上，而 Intranet 正是企业信息管理系统的核心。以往的信息采集、传递、储存、加工、维护和使用等信息管理工作由企业内部独立的 PC 应用系统完成；而现在，涉及企业内部全部业务流程处理的信息则是 Intranet 共享的主要对象。因此，供应链各节点企业内部供应链信息源既可能是供应链各节点企业通过企业间信息系统借助 Internet 进行交互的信息，也可能是供应链系统各节点企业内部各职能部门间传递的信息，以及节点企业各自的企业信息管理系统中传输的信息。

(2)外部合作伙伴信息源

外部合作伙伴(如中介机构、行业协会、物流服务企业、消费者组织、新闻记者等第三方机构)因与供应链系统有着业务上的往来，可能掌握着供应链系统的关键机密信息，从而成为竞争情报方选择的信息源。如中介机构在进行价格评估和资信评估中了解到节点企业有形资产和无形资产的信息，在代理节点企业专利、税务、报关等业务中了解到企业的技术研发、财务信息、贸易数据等信息，在提供咨询、招标、拍卖、职业介绍等业务中了解到节点企业未来的发展战略、投资方向、行业选择、员工技术要求等信息；行业协会在协助政府制定和实施行业发展规划前需要掌握行业运行数据，在对本行业的基本情况进行统计、分析时需要了解行业企业的经营数据，在对本行业进行研究时，需要掌握行业面临的问题信息等；物流服务企业在为供应链系统提供第三方或第四方物流服务过程中了解到供应链系统的物流业务信息或供应链整合物流系统的总体设计信息；消费者组织在对商品和服务进行社会监督、保护消费者合法权益的时候了解到企业的商品或服务信息；新闻记者在采访报道时需要企业提供经营管理的一些关键信息等等。外部合作伙伴信息源不仅体现在外部合作伙伴获得的供应链系统关键机密信息，而且也体现在外部合作伙伴在自身工作中使用其获得的供应链系统关键机密信息。由于外部合作伙伴数量众多且构成复杂，与供应链系统关系的紧密程度差异很大，从而导致外部合作伙伴信息源在安全管理方面难度很大。

(3)供应链系统与外部合作伙伴信息交互信息源

供应链系统各节点企业以及外部合作伙伴均通过高速数据专用线连接到 Internet 骨干网中，借助互联网平台实现信息的交互，因此，供应链系统与外部合作伙伴交互的信息就可能成为竞争情报方选择的信息源。在信息交互过程中，供应链系统各节点企业与外部合作伙伴通过高速数据专用线连接到 Internet 骨干网，又通过路由器与自己的 Intranet 相连，再由 Intranet 内主机或服务器为其内部各部门提供存取服务，整条信息链路是畅通的。竞争情报方可以通过对整条信息链路上某些关键环节的渗透来获取交互信息。如可以越过供应链系统或外部合作伙伴的防火墙进入、可以在互联网公共平台上借助获得的交互信息密码进入、可以借助信息交互的操作人员的帮助进入，等等。

3. 供应链集成化信息系统的信息源特点

(1)涉及面广

供应链集成化信息系统的信息源不仅包括供应链各节点企业内部供应链信息源,外部合作伙伴(如中介机构、行业协会、消费者组织、新闻记者等第三方机构)信息源,还包括供应链系统与外部合作伙伴信息交互信息源。而且,每一类信息源都是由若干信息源的子单元构成,每一个子单元都可能成为竞争情报方选择的信息源。因此,供应链集成化信息系统的信息源涉及面十分广泛。

(2)关联性强

供应链集成化信息系统是一个整体,信息链路的畅通使得所有供应链集成化信息系统的信息源紧密连接在一起。一方面是由于供应链系统对商流、物流、资金流和信息流"四流"畅通有着内在需要;另一方面是由于供应链系统本身就是一个开放的系统,与外部合作伙伴的信息交互也属常态。此外,供应链集成化信息系统中的商流、物流、资金流和信息流"四流"之间具有很强的关联性,竞争情报方可以凭借对某一类信息的获取进而对其他类信息作出准确推断。

(3)层次结构明显

供应链集成化信息系统是一个分级管理的信息系统,这与供应链系统各节点企业在系统中的地位和作用密切相关。从供应商的供应商到供应商、供应商到核心节点企业、核心节点企业到分销商、分销商到最终客户,每一个纵向环节上都有着主导性的节点企业,它们与核心节点企业共同构成稳固的供应链系统。这种纵向的供应链层次系统决定了它们对信息掌握的权限上存在差异性,形成以供应链核心节点为信息权力中心、向供应链两端信息权力逐级减弱的阶梯型信息权力结构,从而导致了供应链集成化信息系统的信息源具有层次结构明显的特点。

(4)安全管理难度大

供应链集成化信息系统是由供应链系统内部各节点企业信息单元、外部合作伙伴信息单元以及供应链系统与外部合作伙伴交互信息单元构成的一个十分庞杂的多信息单元系统。首先，该系统的约束机制主要依靠合同或契约来维系，系统本身的约束性受到质疑；其次，系统的庞杂意味着信息安全防护水平参差不一，势必存在信息安全防护水平低的环节；再者，系统参与方众多也意味着各方的道德水准参差不一，在竞争情报方的竞争情报工作面前很难做到滴水不漏；最后，由于供应链集成化信息系统的组成成员存在动态变化，系统的稳定性存在隐忧。因此，供应链集成化信息系统的信息源安全管理难度很大。

二、基于决策关键信息挖掘的供应链集成化信息系统的信息源选择方法

在传统的供应链信息源中，由于能够获取的竞争情报方关注的信息源相对固定，因此可以从已经掌握的信息源入手，运用数据挖掘技术进行目标信息的挖掘。而大数据环境下信息源选择情况发生了很大的变化，首先，信息的碎片化成为一种常态，供应链系统中传输的大量信息可能或多或少包含供应链系统的生产、营销、财务、人事、研发等关键信息，从碎片化信息中抽取关键信息已成竞争情报工作的重要方面；其次，关键信息的前移成为一种常态，供应链系统产生的大量数据隐含系统的关键信息，开展数据分析掌握关键信息是对竞争情报方数据意识的要求，更是对竞争情报方数据分析能力的考验；再者，目标信息源极大的扩充成为一种常态，大数据时代对供应链信息共享水平提出了更高的要求，这就导致了更多的供应链节点企业对供应链系统的大量信息资源掌握，这客观上为竞争情报方开展信息源选择工作提供了便利。因此，大数据环境下信息源选择方法也要做相应的调整，以适应信息源选择新的变化要求。

1. 基于决策关键信息挖掘的供应链集成化信息系统的信息源选择流程

在大数据环境下，供应链集成化信息系统的信息源选择思路应该进行调整，由对传统的相对固定信息源的信息挖掘转变为针对大数据信息资源的收集、整理与挖掘，即以竞争情报方决策需要为切入点，反推出待挖掘的决策关键信息，再有针对性地去收集大数据信息资源，运用数据挖掘技术实

施挖掘。基于决策关键信息挖掘的供应链集成化信息系统的信息源选择流程如图6-2所示。

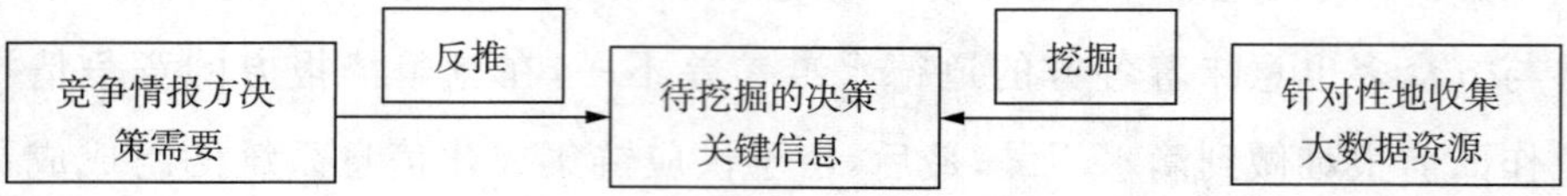

图6-2 基于决策关键信息挖掘的供应链集成化信息系统的信息源选择流程图

2. 基于决策关键信息挖掘的供应链集成化信息系统的信息源选择具体步骤

基于决策关键信息挖掘的供应链集成化信息系统的信息源选择工作具体包括6个步骤,依次为:根据竞争情报方决策需要推导出待挖掘的决策关键信息、对挖掘的决策关键信息进行多维度的分解、大数据资源的收集与整理、大数据挖掘技术组合应用、设定大数据挖掘规则、实施大数据挖掘工作。

(1)根据竞争情报方决策需要推导出待挖掘的决策关键信息

信息源选择工作第一步是根据竞争情报方决策需要推导出待挖掘的决策关键信息。竞争情报方的决策需要是获取决策关键信息的目的,即获取决策关键信息是为了满足竞争情报方某些方面的决策需要。例如:在决定公司的经营计划和投资方案前,竞争情报方想了解供应链系统相关节点企业的下一步的经营计划和投资安排。竞争情报方决策需要就是供应链系统相关节点企业的下一步的经营计划和投资安排方面的关键信息。公司在制订经营计划和投资方案前,以行业主要竞争对手(即供应链系统相关节点企业)作为参照系,可以规避未来可能的竞争或为未来竞争做好思想上和资源上的准备。由此可以看出,根据竞争情报方决策需要反向推导出待挖掘的决策关键信息不仅可以增加竞争情报工作的针对性,更能够使挖掘的决策关键信息更加精确。

(2)对挖掘的决策关键信息进行多维度的分解

在得到决策关键信息之后,接着便是对决策关键信息进行多维度的分解。决策关键信息是大数据环境下竞争情报方竞争情报工作的总目标，它明确了竞争情报工作的总体方向，具体到信息收集层面，还需要对决策关键信息作进一步的分解，即：将待挖掘的决策关键信息在多个维度上进行分解，维度的设定依据实际挖掘活动中决策关键信息的性质、内容、特点的不同而有所不同。例如：当决策关键信息为供应链系统相关节点企业的下一步的经营计划和投资安排时，对其进行多维度分解后的结果可能包括：在时间维度上，为供应链系统相关节点企业未来五年的经营计划和投资安排；在空间维度上，细化为供应链系统相关节点企业及上下游合作企业，甚至包括供应链关键核心节点企业；在内容维度上，不仅包括供应链系统相关节点企业未来五年的经营计划和投资安排，也包括上下游合作企业的协作计划和配套投资安排。最终的决策关键信息的挖掘对象是包含以上这些维度的所有数据的总合。

(3)大数据资源的收集与整理

在明确决策关键信息的多维度挖掘后，竞争情报方工作的重心开始转向大数据资源的收集与整理阶段。大数据时代，信息资源的收集范围更广，不仅包括收集对象的行为信息，也包括收集对象所处的情景信息和背景信息。首先，收集对象的行为信息是指根据决策关键信息多维度分解的结果所包含的供应链系统的全部信息，收集包含这些维度的所有数据的总合；其次，收集对象的情境信息是指利用大数据技术对供应链各种情景信息进行数据挖掘得到的信息源，供应链情境信息包括国家宏观政策及其影响、行业政策及其变迁、国家宏观经济数据、国际贸易数据、行业数据、主要竞争对手发展态势等；再者，收集对象的背景信息是指利用大数据技术对供应链各种背景信息进行数据挖掘得到的信息源，供应链用户背景信息包括用户的名称、住址、电话、兴趣爱好、消费偏好、购买能力、品牌忠诚度等。

在得到这三大类数据资源后，就进入大数据资源的整理阶段。大数据资源的整理是将收集对象的情境信息、背景信息与行为信息进行数据匹配，应用大数据技术对三大类数据资源进行综合处理，实现对收集对象的情境信息、背景信息与行为信息的集成，完成对关键决策信息的聚焦。

(4)大数据挖掘技术组合应用

在大数据时代，面对多维度的决策关键信息和行为信息、情境信息与背景信息等三大类数据资源，单一的数据挖掘技术无法处理多维度、多类型的数据资源，必须组合多种挖掘技术，才能实现预定的挖掘目标。大数据挖掘技术组合应用具体涉及：(1)关联规则。一方面，多维度决策关键信息间的关联，既涉及供应链系统上下游节点企业间的关联，又涉及总体计划与阶段性计划间的关联；另一方面，行为信息、情境信息与背景信息等三大类数据资源间的关联，通过情境信息与背景信息挖掘，可以了解供应链系统发展中面临的机遇与挑战，而这就与行为信息形成了关联。(2)分类。决策关键信息可以按照时间、空间和内容维度进行分类，行为信息可以按照系统内部信息进行分类，而情境信息与背景信息可以做系统外部信息进行处理，这样在每一类信息中可以进行精准比较。(3)聚类。根据数据关联关系的紧密程度进行数据信息的聚类，更容易形成决策关键信息，更好地满足竞争情报方的决策需要。例如，通过对供应链系统相关节点企业未来五年的经营计划和投资安排与上下游合作企业的协作计划和配套投资安排的聚类分析可以更准确地得出供应链系统相关节点企业的经营战略目标和投资规模等信息。(4)决策树。决策树是数据分类或预测常用的数据挖掘技术。就决策关键信息的时间维度而言，决策关键信息可以从经营活动安排与投资额度两方面进行梳理，在从现在到未来的若干时间节点做进一步的细分，最后形成庞大的信息树状结构。(5)序列模式。序列模式识别通常用于识别相似事件的趋势，如根据不同年度的投资安排序列可以预测未来某个时间点的投资额度。

(5)设定大数据挖掘规则

竞争情报方设定大数据挖掘规则，目的在于使大数据挖掘工作规范、有序地开展，保证大数据挖掘工作的进度和质量。大数据挖掘规则具体包含3个方面：一是根据决策关键信息的多维度性和三大类数据资源的特点综合应用大数据挖掘技术组合，求得大数据挖掘效果的最大化；二是根据竞争情报方决策需要设计大数据挖掘的总目标和阶段性目标，便于检查和控制；三是根据竞争情报方决策落实中出现的新情况、新问题，形成新的决策需要，从而开始新一轮的大数据挖掘工作。需要指出的是，大数据挖掘规则是竞争情报方开展大数据挖掘工作的行动指南，在环境剧烈变化的今天，竞争情报方可以根据决策关键信息的变化、时间急迫性的要求、供应链系统的重大变动等及时调整大数据挖掘规则。

(6)实施大数据挖掘工作

实施大数据挖掘工作是运用各类信息挖掘技术对大数据进行运算，从海量的数据中获得目标信息的过程。大数据挖掘工作需要软硬件资源的保障，竞争情报方一般是通过在其内部搭建具有存贮、计算、传输等功能的系统环境来实现。但是对于实力较弱的竞争情报方来说，大数据挖掘工作可以委托数据公司来做，通过购买服务的方式同样可以达到目的。

综上所述，可以将基于决策关键信息挖掘的供应链集成化信息系统的信息源选择具体步骤绘制成图 6－3。

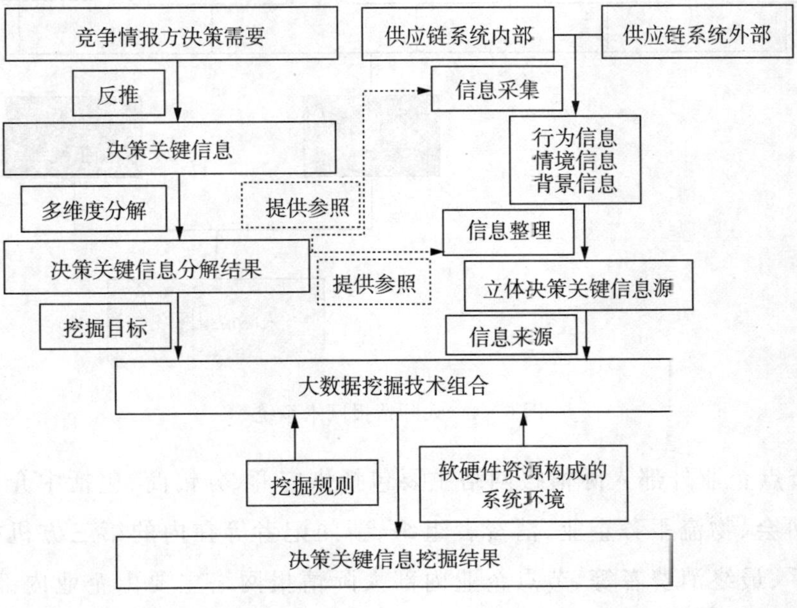

图 6－3　基于决策关键信息挖掘的供应链集成化信息系统的信息源选择具体步骤图

第二节　竞争情报方供应链人际情报网络的信息源选择的方法

一、供应链人际情报网络的信息源

1. 供应链人际情报网络的信息源概念

供应链人际情报网络系统是应情报活动的需要而构建的一种人际网络，是情报从业者获取、分析和传播非公开信息和隐性知识的重要平台。供应链人际情报网络分为节点企业外部人际情报网络和节点企业内部人际情报网络，如图 6-4 所示。

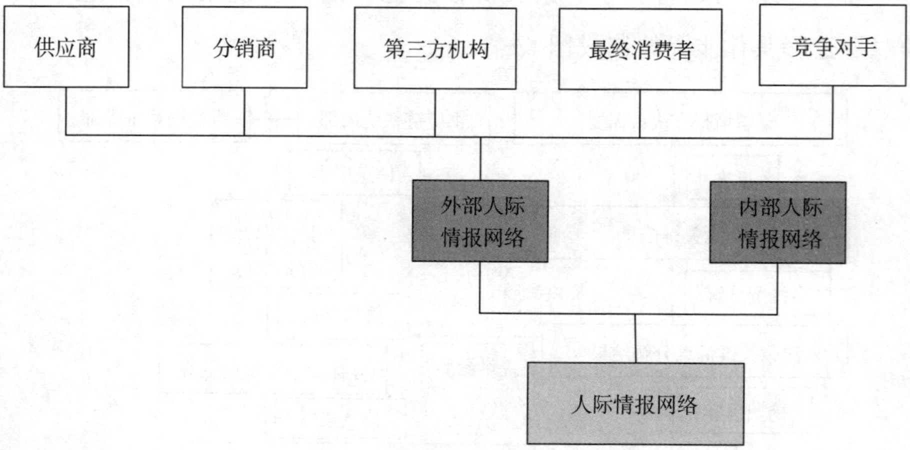

图 6-4　人际情报网络系统

节点企业外部人际情报网络主要包括供应商、分销商、包括中介机构、行业协会、物流服务企业、消费者组织、新闻记者等在内的第三方机构，竞争对手、最终消费者等，节点企业内部人际情报网络主要由企业内部各层级的管理人员和各部门的员工组成。因此，供应链人际情报网络系统的信息源则是指整个供应链人际情报网络平台上的全部信息源，包括节点企业外部人际情报网络信息源和节点企业内部人际情报网络信息源。总之，供应链人际情报网络系统的信息源涵盖了供应链系统内外部人际情报网络的所有参与方，供应链系统竞争情报方利用与各参与方之间的关系获取竞争情报。

2. 供应链人际情报网络的信息源类型

(1)供应链节点企业内部人际情报网络信息源

供应链节点企业内部人际情报网络主要由节点企业内部各层级的管理人员和各部门的员工组成。供应链各节点企业内部各层级的管理人员掌握着企业从战略、战术到业务各层级的机密信息，尤其是企业的高管对企业的总体规划、人才使用、关键技术研发、资产管理、市场拓展等关键核心机密了如指掌，往往成为竞争情报方关注的对象。供应链系统各节点企业内部各部门的员工对本部门的业务十分了解，对与本部门有合作关系的部门业务也可能有所了解，由于其人员众多，可能引起竞争情报方的注意，而关键部门的员工更有可能成为竞争情报方突破的对象。因此，供应链节点企业内部人际情报网络信息源既可能是供应链各节点企业内部各层级的管理人员也可能是供应链系统各节点企业内部各部门的员工。

(2)供应链节点企业外部人际情报网络信息源

供应链节点企业外部人际情报网络主要包括中介机构、行业协会、物流服务企业、消费者组织、新闻记者等在内的第三方机构、竞争对手、最终消费者等。供应链节点企业外部人际情报网络因与供应链系统有着业务上的往来，可能掌握着供应链系统的关键机密信息，从而成为竞争情报方选择的信息源。除了第三方机构外，竞争对手和最终消费者也可能成为竞争情报方选择的信息源。竞争对手始终关注供应链系统的运行，尤其关注供应链系统中与竞争对手业务高度相关的节点企业的情况，其收集的供应链系统及相关节点企业的信息可以成为竞争情报方的信息源；最终消费者对其消费的产品或服务的使用价值有直接体验，相关信息可能成为竞争情报方的信息源。因此，供应链节点企业外部人际情报网络信息源既包括中介机构、行业协会、物流服务企业、消费者组织、新闻记者等在内的第三方机构,又包括竞争对手、最终消费者等其他外部参与方。

3. 供应链人际情报网络的信息源特点

(1)涉密人员众多

供应链人际情报网络的信息源不仅包括供应链节点企业内部各层级的管理人员和各部门的员工,还包括供应链外部合作伙伴如中介机构、行业协会、物流服务企业、消费者组织、新闻记者等在内的第三方机构,甚至包括竞争对手、最终消费者等。虽然这些涉密人员所能提供的信息情报的密级不同,对竞争情报方信息源选择的帮助有大有小,但是至少能给竞争情报方在信息源选择方面提供线索或思路,减少竞争情报方信息源选择中的盲目行为。

(2)信息源质量差距悬殊

通常来说,在供应链人际情报网络的信息源中,节点企业内部的管理人员比部门员工掌握更多的机密信息,节点企业内部的高级管理人员比一般管理人员掌握更多的机密信息,关键部门的员工比一般部门的员工掌握更多的机密信息;供应链外部合作伙伴比竞争对手和最终消费者掌握更多的机密信息,供应链外部合作伙伴中的中介机构、行业协会、物流服务企业比消费者组织、新闻记者掌握更多的机密信息。信息源质量的差异导致竞争情报方在选择信息源时关注度不同,投入的资源也不同。

(3)安全管理难度大

供应链人际情报网络是由供应链系统节点企业内部各层级的管理人员和各部门的员工,第三方机构的工作人员,甚至包括竞争对手、最终消费者等构成的一个十分庞杂的人群系统组成。首先,人际情报网络中的人员具有十分复杂的人际关系,人际往来中的主动或被动泄密在所难免;其次,竞争情报方借助各种手段、利用各种关系,引诱或威逼人际情报网络中的人员提供供应链系统的信息情报;再者,人际情报网络中的人员的流动客观上造成了供应链系统信息情报的泄露。因此,供应链人际情报网络的信息源安全管理难度很大。

(4)相互验证困难

供应链人际情报网络信息源来源的复杂性加之人际情报网络中的人员的主观认知方面的差异容易造成信息情报的不一致性，使得来自不同信息源的信息情报相互验证困难。首先，由于信息在传递过程中具有的过滤特征，传播链越长，信息损失就越严重；其次，供应链系统节点企业内部各层级的管理人员和各部门的员工对于信息的掌握程度是不一样的，高管及关键部门员工可能掌握关键核心机密信息，较低管理层级的管理者和一般部门的员工掌握信息的密级较低；再者，较低管理层级的管理者和一般部门的员工对于自己不掌握的关键机密信息可能添加更多主观的猜测，大大降低了信息源的可信度；最后，竞争对手获得的往往是第二手间接资料，更有可能对上述问题的放大，而最终消费者的感知信息可能因人而异，莫衷一是。

二、基于决策关键信息挖掘的供应链人际情报网络信息源选择方法

上述研究表明，供应链人际情报网络信息源包括供应链节点企业内部人际情报网络信息源和供应链节点企业外部人际情报网络信息源。作为个体嵌入供应链人际情报网络而获得的现有和潜在资源的集合的社会资本对竞争情报方信息源选择方式产生直接影响。

1. 基于决策关键信息挖掘的供应链人际情报网络的信息源选择流程

供应链人际情报网络的信息源特点表明，从众多涉密人员处获得的信息不仅来源十分广泛，而且质量差距悬殊且相互验证困难。同时，大数据环境下信息源选择面临着信息的碎片化、关键信息前移、目标信息源极大扩充等新的情况。因此，在大数据环境下供应链人际情报网络的信息源选择流程也应该进行相应的调整，以竞争情报方决策需要为切入点，反推出待挖掘的决策关键信息，再有针对性地应用社会资本去收集大数据信息资源，运用数据挖掘技术实施挖掘。基于决策关键信息挖掘的供应链人际情报网络的信息源选择流程如图 6 - 5 所示。

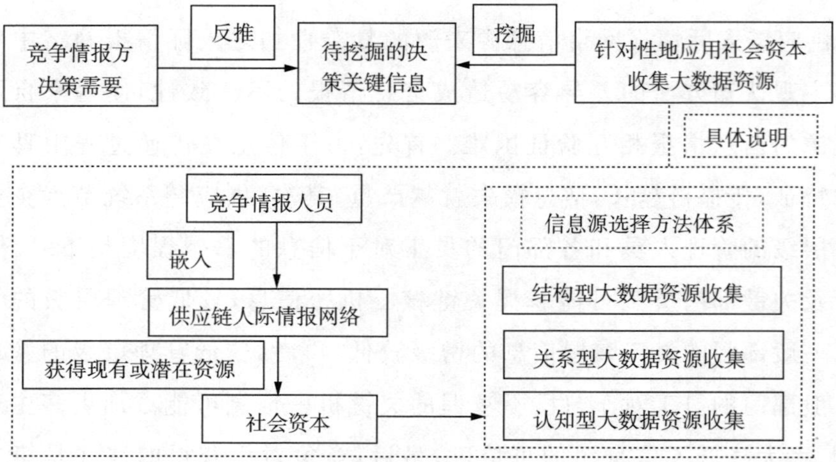

图 6-5　基于决策关键信息挖掘的供应链人际情报网络的信息源选择流程图

2. 基于决策关键信息挖掘的供应链人际情报网络的信息源选择具体步骤

基于决策关键信息挖掘的供应链人际情报网络的信息源选择工作具体包括 6 个步骤,依次为:根据竞争情报方决策需要推导出待挖掘的决策关键信息、对待挖掘的决策关键信息进行多维度的分解、应用社会资本开展大数据资源的收集与整理、大数据挖掘技术组合应用、设定基于社会资本的大数据挖掘规则、实施基于社会资本的大数据挖掘工作。因此,对比基于决策关键信息挖掘的供应链集成化信息系统的信息源选择工作的 6 个步骤可以发现,存在差异的步骤有三个,即应用社会资本开展大数据资源的收集与整理、设定基于社会资本的大数据挖掘规则、实施基于社会资本的大数据挖掘工作,其他 3 个步骤的工作没有差异,下面就存在差异的 3 个步骤进行分析。

(1)应用社会资本开展大数据资源的收集与整理

应用社会资本开展大数据资源的收集工作是根据社会资本的类型及获取情报的方式不同来进行大数据资源的收集。根据 Nahapiet 和 Ghoshal 的研究,社会资本被划分为结构维度、关系维度与认知维度,因此,应用社会资本开展大数据资源的收集工作可以有三种方式。其一,结构型大数据资源收集。结构型大数据资源收集是竞争情报方倾向于从自身社会关系网络可以达到的节点选择信息源和获取信息，亦被称为物理的可获取性。结构型大数据资源收集既取决于竞争情报方所属的特定社会阶层，又受到竞争情报方的工作和生活联系的影响，因此，往往有一定的物理界限，这限制了其获得数据信息的范围。其二，关系型大数据资源收集。关系型大数据资源收集是竞争情报方与人际信息源之间交流的程度和关系的强度决定的信息源选择和大数据收集，亦被称为关系的可获取性。关系型大数据资源收集可以跨越竞争情报方所属的特定社会阶层，使得竞争情报方情报人员与供应链系统不同社会阶层的人保持紧密的合作关系，从而扩大了收集数据的来源。同时，由于彼此间建立起相互信任、规范、责任和期望等关系，竞争情报方更有可能获得质量更高的、更相关的数据信息。其三，认知型大数据资源收集。认知型大数据资源收集是竞争情报方与人际信息源之间在知识背景和认知层面相匹配，通过文化和语言层面的有效融合来进行信息源选择和大数据收集，亦被称为认知的可获取性。认知型大数据资源收集不能作为一个独立的大数据收集方法存在，需要借助结构型大数据资源收集和/或关系型大数据资源收集方式来完成。

在得到上述三大类数据资源后，就进入到大数据资源的整理阶段。大数据资源的整理需要考虑大数据收集中应用社会资本的差异及其所带来的大数据相关性和数据质量的不同。一般而言，可以将关系型大数据资源（包括借助关系型大数据资源收集的认知型大数据资源）列为优先次序的大数据资源重点对待，而将结构型大数据资源（包括借助结构型大数据资源收集的认知型大数据资源）作为关系型大数据资源的补充和验证。在此基础上应用大数据技术对三大类数据资源进行综合处理，实现对收集对象的情境信息、背景信息与行为信息的集成，完成对关键决策信息的聚焦。

(2)设定基于社会资本的大数据挖掘规则

竞争情报方设定基于社会资本的大数据挖掘规则，目的在于借助社会资本使大数据挖掘工作更加顺畅、高效地开展，保证大数据挖掘工作的进度和质量。基于社会资本的大数据挖掘规则具体包含3个方面：一是高度重视关系型大数据资源收集方法的应用，紧紧把握信息源的高质量与高相关性；二是根据决策关键信息的多维度性和三大类数据资源的特点综合应用大数据挖掘技术组合,求得大数据挖掘效果的最大化;三是整合结构型大数据资源收集、关系型大数据资源收集和认知型大数据资源收集方法,综合开展大数据收集工作。需要指出的是,大数据挖掘规则是竞争情报方开展大数据挖掘工作的行动指南,在环境剧烈变化的今天,竞争情报方与供应链系统各节点企业建立的社会资本同样处在变动之中,应及时调整大数据挖掘规则。

(3)实施基于社会资本的大数据挖掘工作

实施基于社会资本的大数据挖掘工作是竞争情报方运用己方内部各类社会资本对收集的大数据进行运算,从海量的数据中获得目标信息的过程。基于社会资本的大数据挖掘工作除了需要软硬件资源的保障外,还要注意处理好大数据挖掘涉及的部门及其人员的关系的调处,这些部门及其人员的协助是竞争情报人员高质量完成大数据挖掘工作的关键所在。

综上所述,可以将基于决策关键信息挖掘的供应链人际情报网络的信息源选择具体步骤绘制成图 6-6。

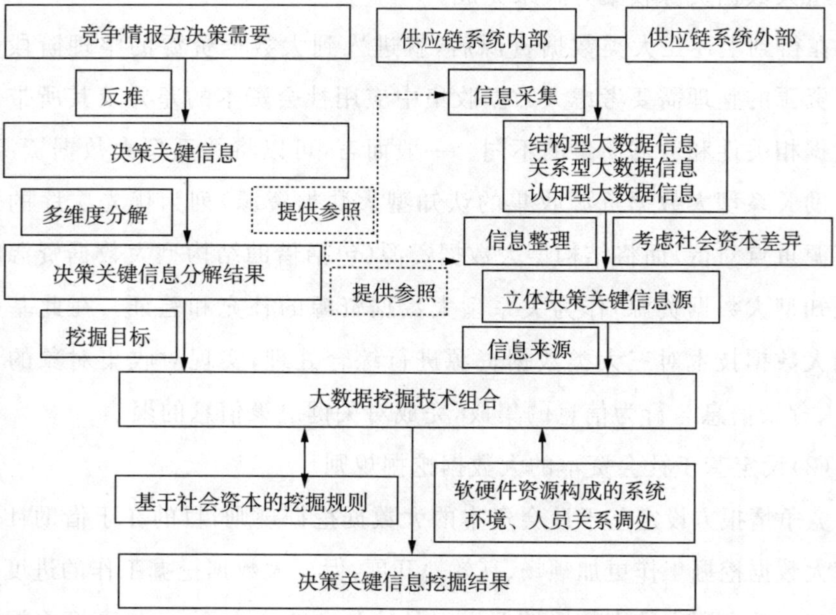

图 6-6　基于决策关键信息挖掘的供应链人际情报网络的信息源选择具体步骤图

第三节　竞争情报方供应链信息源选择方法的融合

大数据时代，作为供应链信息源的两个主要来源的供应链网络集成化信息系统和供应链人际情报网络具有信息同源、路径交织、主体重叠等诸多共性，使得竞争情报方供应链信息源选择方法上具有很大程度上的融合性。那么，供应链网络集成化信息系统信息源选择方法和供应链人际情报网络信息源选择方法为什么要融合？如何融合？融合后对于竞争情报方信息源选择质量的影响程度如何？诸如此类的问题有必要做进一步的说明。

一、两类信息源选择方法融合的必要性与可行性

1. 两类信息源选择方法融合的必要性

(1)优势互补

供应链网络集成化信息系统信息源选择方法的优势在于利用供应链集成化信息系统快速进行大数据收集工作。供应链集成化信息系统是由供应链系统内部各节点企业信息单元、外部合作伙伴信息单元以及供应链系统与外部合作伙伴交互信息单元构成的一个十分庞杂的系统组成。因此，供应链网络集成化信息系统信息源选择方法可以保证在很短的时间内收集到供应链系统内外部信息及内外部交互信息。供应链人际情报网络信息源选择方法的优势在于可以对收集的大数据信息进行精准分类，明确其重要性程度，从而可以迅速确定高质量的信息源。所以，竞争情报方在大数据收集中可以通过供应链网络集成化信息系统信息源选择方法快速收集大数据，可以通过供应链人际情报网络信息源选择方法对收集的信息进行精准分类，从而提高信息源定位的效率。

(2)数据验证

通过供应链网络集成化信息系统信息源选择方法获取的大数据信息和

通过供应链人际情报网络信息源选择方法获取的大数据信息之间是可以进行数据验证的。由于数据来源渠道的不同,数据的真实性、活动及其结果的唯一性、数据的生产源等的验证成为一个亟待解决的问题。供应链网络集成化信息系统信息源选择方法获取的大数据信息说明可能存在某一事实、活动和数据的生产源,而供应链人际情报网络信息源选择方法获取的大数据信息则相当于对这种可能进行确认。

(3)整合资源

供应链网络集成化信息系统信息源选择方法获取的大数据信息和供应链人际情报网络信息源选择方法获取的大数据信息可以相互补充,极大地丰富了竞争情报方收集的大数据资源。大数据时代,大部分的数据信息是以网络电子数据信息的形式存在,但是这并不意味着不存在传统的人际情报信息的交流。相反,从近年来发生的信息安全事件来看,人际情报网络泄密仍然是泄密的重要渠道。因此,这两类大数据资源的收集可以进一步完善竞争情报方的大数据资源,对于数据挖掘工作提供了质量保障。

(4)提高效率

供应链网络集成化信息系统信息源选择方法和供应链人际情报网络信息源选择方法的融合可以提高竞争情报部门的工作效率,不仅体现在数据收集工作效率的提高,也体现在后续的情报挖掘工作效率的提高。提高竞争情报部门的数据收集工作效率主要是由于这两种方法可以进行优势互补、数据验证和资源整合,从而可以高效地收集到高质量的大数据资源;提高竞争情报部门的数据挖掘工作效率主要是由于数据收集工作中涉及的部门和人员间有着相互协作相互配合,从而积累了丰富的社会资本,为做好数据挖掘工作奠定了坚实的基础。

2. 两类信息源选择方法融合的可行性

(1)指导思想统一

指导思想统一是因为这两类信息源选择方法均是根据竞争情报方决策需要推导出待挖掘的决策关键信息。这一方面是由于供应链系统存在大量的数据资源，如果直接从数据入手搜寻真正有价值的信息情报难度很大，另一方面是由于根据竞争情报方的决策需要推导出待挖掘的决策关键信息可以使竞争情报工作具有明确的目的性，可以减少竞争情报工作的盲目性。

(2)数据信息来源统一

数据信息来源统一是由于这两类信息源选择方法关注的点是重合的。供应链网络集成化信息系统信息源选择方法和供应链人际情报网络信息源选择方法的应用都关注供应链系统内外部信息及内外部交互信息。因此，数据的生产者是一致的，尽管收集数据的渠道不同，但数据溯源结果却是唯一的，亦即两类方法共同指向同一数据源。

(3)数据收集与整理需要

数据收集与整理需要尽可能高效地收集到高质量的大数据资源，而供应链网络集成化信息系统信息源选择方法和供应链人际情报网络信息源选择方法收集到的大数据可以满足其需要。供应链网络集成化信息系统信息源选择方法收集到的大数据资源可以做到快速、高效，而供应链人际情报网络信息源选择方法收集到的大数据可以做到精准、高质量，综合这两类信息源选择方法可以进行数据验证、数据补充和数据整合。

(4)职能归口需要

供应链信息源的选择工作通常由竞争情报方的竞争情报部门承担，这两种方法的应用主要由该部门的专兼职情报人员完成。因此，供应链网络集成化信息系统信息源选择方法和供应链人际情报网络信息源选择方法的融合有着工作方面的内在要求。出于归口管理的需要，由竞争情报部门统一应用这两种方法可以更好地整合部门资源，明确部门工作职责，提高工作效能。

二、两类信息源选择方法融合的路径

考虑两类信息源选择方法在具体步骤上存在差异的三个方面，其融合的路径大体涉及三个部分。

1. 大数据资源收集与整理环节的融合

大数据资源收集环节的融合工作主要包括三个方面：首先，将大数据时代收集范围更广的供应链系统信息资源进行归类。分析供应链系统的行为信息及其所处的情景信息和背景信息，将可以归为结构型大数据资源、关系型大数据资源和认知型大数据资源的信息进行归类，由供应链人际情报网络信息源选择方法进行收集，对不能进行归类的信息数据由供应链网络集成化信息系统信息源选择方法进行收集。这样可以显著减少数据收集中的重复性劳动，提高大数据资源收集工作的效率。其次，对认知型大数据资源进行归类。由于认知型大数据资源收集不能作为一种独立的信息收集方法存在，因此可以将认知型大数据资源预先划分为结构型大数据资源或关系型大数据资源，由结构型大数据资源收集方法或关系型大数据资源收集方法进行收集，可以在应用社会资本开展大数据资源的收集工作时提高工作的针对性。再者，加强信息收集工作中的验证力度。由于在大数据资源收集前进行了数据资源的归类，其收集效果是否达到预期，可以用归类前的方法进行抽样复查，尤其是关键数据信息的复查，以保证大数据收集融合效果不打折扣。

通过两类信息源选择方法得到数据资源后，就进入到大数据资源的融合整理阶段。融合整理环节的工作主要包括三个方面：其一，将通过两类信息源选择方法得到的数据资源依照竞争情报方的决策需要再次进行融合。由于所获得的数据资源反映的是竞争情报方面临的机遇与威胁，因此，总体上可以按照机遇与风险两大类进行分类融合。其二，将通过两类信息源选择方法得到的数据资源按照数据质量的高低进行分类融合。可以将关系型大数据资源（包括借助关系型大数据资源收集的认知型大数据资源）与关键核心节点企业的行为信息进行融合，提取出与竞争情报方决策关联度高的大数据资源，将其列为优先次序重点对待。其三，将数据质量较低的数据资源融合后进行归类，作为关系型大数据资源（包括借助关系型大数据资源收集的认知型大数据资源）与关键核心节点企业的行为信息的补充和验证。这部分数据资源主要包括结构型大数据资源（包括借助关系型大数据资源收集的结构型大数据资源）以及供应链系统的情境信息、背景信息。

2. 大数据挖掘规则的融合

综合竞争情报方设定基于两类信息源选择方法的大数据挖掘规则可以发现，两类大数据挖掘规则有相一致的一面，如都需要根据决策关键信息的多维度性和三大类数据资源的特点综合应用大数据挖掘技术组合，求得大数据挖掘效果的最大化。到只不过这里的三大类数据资源所指是不同的，供应链网络集成化信息系统信息源选择方法适应的大数据挖掘规则中指的是行为信息、情境信息和背景信息，而供应链人际情报网络信息源选择方法适应的大数据挖掘规则中指的是结构型大数据资源、关系型大数据资源和认知型大数据资源。除此之外，其他大数据挖掘规则依然适应。如网络集成化信息系统信息源选择方法适应的大数据挖掘规则中的“根据竞争情报方决策需要设计大数据挖掘的总目标和阶段性目标，便于检查和控制”“根据竞争情报方决策落实中出现的新情况、新问题，形成新的决策需要，从而开始新一轮的大数据挖掘工作”，供应链人际情报网络信息源选择方法适应的大数据挖掘规则中的“高度重视关系型大数据资源收集方法的应用，紧紧把握信息源的高质量与高相关性”“整合结构型大数据资源收集、关系型大数据资源收集和认知型大数据资源收集方法，综合开展大数据收集工作”。此外，有关“大数据挖掘规则是竞争情报方开展大数据挖掘工作的行动指南，在环境剧烈变化的今天，应及时调整大数据挖掘规则”的表述依然适用。

3. 实施大数据挖掘工作的整合

实施大数据挖掘工作的整合关键是将社会资本融入竞争情报方内部搭建的具有存贮、计算、传输等功能的系统环境，注意处理好大数据挖掘涉及的部门及其人员的关系的协调，尤其要注重处理好与竞争情报收集人员的关系的协调。综上所述，可以将基于决策关键信息挖掘的供应链两类信息源选择方法融合的信息源选择具体步骤绘制成图6－7。

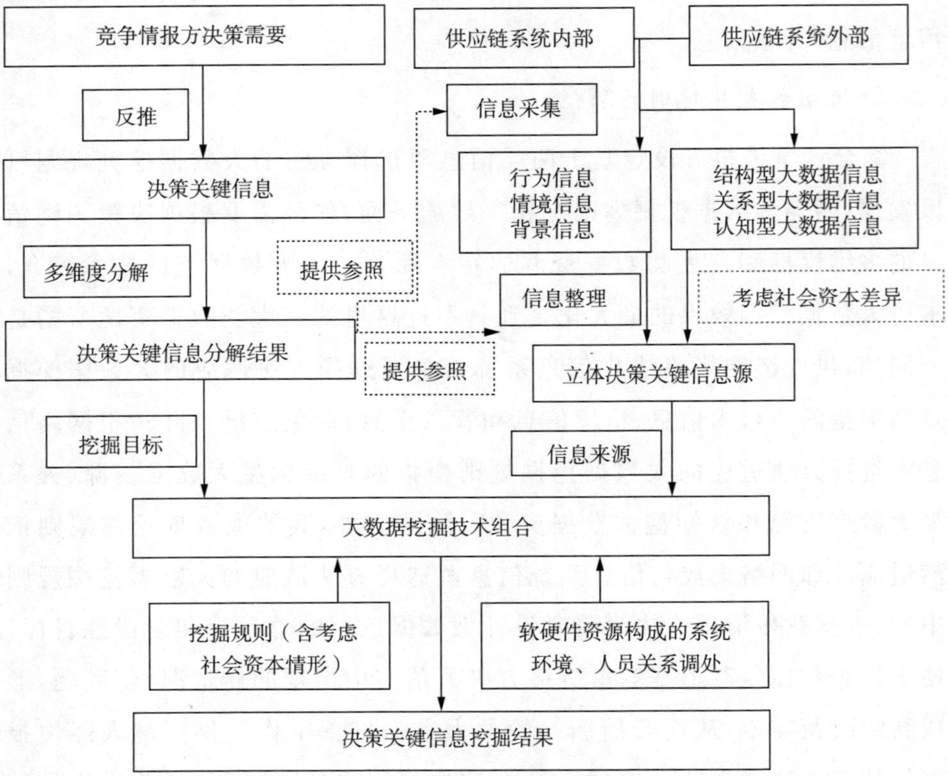

图 6-7　基于决策关键信息挖掘的供应链两类信息源选择方法融合的信息源选择具体步骤图

本章小结

本章系统介绍了大数据时代供应链竞争情报方信息源选择的两种方法，即供应链网络集成化信息系统信息源选择方法和供应链人际情报网络信息源选择方法。在梳理供应链网络集成化信息系统信息源和人际情报网络信息源的概念、类型和特点的基础上，分析了基于决策关键信息挖掘的供应链集成化信息系统的信息源选择流程和具体步骤以及基于决策关键信息挖掘的供应链人际情报网络的信息源选择流程和具体步骤，后者更侧重于从社会资本视角进行了研究。最后，就两种信息源选择方法的融合进行了探讨，分析了两类信息源选择方法融合的必要性与可行性，探讨了两类信息源选择方法融合的可能路径。因此，本章对大数据时代供应链竞争情报方信息源方法的研究以大数据时代供应链竞争情报方两类信息源为基础，体现了信息源选择方法上的新的研究视角，希望对完善大数据时代供应链竞争情报方信息源选择方法研究有所帮助。

第七章　面向信息源选择的供应链节点企业反竞争情报工作体系设计

第一节　问题的提出

在当今信息时代，更快捷、更高效地获取决策信息意味着竞争优势和经营安全。有效地开展反竞争情报活动，遏制竞争对手获取己方重大的机密信息，已经成为企业赢得竞争的关键，也是保障供应链系统平稳运行的关键。供应链节点企业的反竞争情报工作涉及多个环节且受多种因素的影响。由于供应链节点企业在反竞争情报工作的不同环节上的差异，加之受到的影响因素的不同，使得不同的供应链节点企业具有差异化的反竞争情报能力。结果导致一些供应链节点企业赢得反竞争情报工作，而另外一些供应链节点企业则失利。分析供应链节点企业的反竞争情报工作体系，有助于供应链节点企业了解自身在反竞争情报工作方面存在的不足，以便针对性地做好改进工作。

供应链节点企业反竞争情报工作体系是指供应链节点企业针对现实和潜在竞争对手的窃密活动，有序开展反竞争情报工作，并由此而形成的保护供应链节点企业秘密信息的防卫体系。供应链节点企业反竞争情报工作涉及多个环节且受多种因素的影响，因此，供应链节点企业反竞争情报工作体系必须尽可能地完备，这样不仅可以扎实做好反竞争情报工作，同时也不给竞争对手有隙可乘。

第二节　供应链节点企业信息安全分析系统

供应链节点企业是一个开放的信息系统，不断与供应链系统内部以及外部进行信息的交换，那种为了避免风险而将自身的秘密信息封闭起来的风险规避(Risk Avoidance)保护模式显然是行不通的，于是风险管理(Risk Management)保护模式逐渐为供应链节点企业所采用。从风险规避保护模式向风险管理保护模式的转变，其前提条件是供应链节点企业具有较为完备的信息安全分析系统，该系统具体包括以下五个方面的内容。

一、秘密信息确定

秘密信息是供应链节点企业参与并赢得市场竞争的一类极其重要的资源，也是供应链节点企业反泄密工作的核心所在。在企业运营过程中，来自供应链系统及自身价值链每一环节的信息在重要性上存在着差异，只有那些对供应链节点企业自身或竞争对手具有重要影响的信息才能称得上是秘密信息。从供应链系统信息来说，秘密信息是指企业根据自身的权限从供应链系统中心数据库提取的信息以及因业务需要从供应链系统上下游节点企业那里获得的供需信息。从企业自身价值链信息来说，秘密信息是指不为其他企业所知悉，能为本企业带来经济利益，具有实用性的管理信息、技术信息和经营信息等。从竞争对手来说，秘密信息是指能使竞争对手作出重要反应，改变其原有决策，增强其竞争优势，并最终能从中获得利益的那部分信息。因此，确定企业的秘密信息十分必要。如果确定的秘密信息过多，导致信息源的分散，实际上是扩大了信息保护的范围，不仅增加了信息保护的成本，而且牵制了企业用于保护核心机密信息的资源，使本应重点保护的秘密信息源不能得到有效的保护，最终会导致企业整个秘密信息保护工作的失败。如果确定的秘密信息范围过小，即仅仅关注关键少数信息源，就会出现一些重要信息的泄露或者该保护的信息源没有列入保护的范畴。

二、信息安全威胁分析

信息安全威胁分析是确定对供应链节点企业秘密信息造成威胁的来源以及获悉威胁源收集秘密信息的方法和手段。对供应链节点企业秘密信息造成威胁的来源涉及对己方秘密信息有收集意图的个人或团体，即企业的行业竞争对手、供应链系统其他成员、各利益相关者、中立的咨询公司和情报机构等，这方面的工作主要是指从对企业秘密信息有收集意图的个人或团体中，筛选出主要的威胁源。威胁源收集秘密信息的方法和手段大体上可分为不道德的和道德的两类。通过不道德的途径进行搜集的信息收集者有电脑黑客、商业间谍和企业内的信息出卖者，其手段一般是使用电子偷听装置、计算机网络技术和人工窃取机密等。而使用道德途径的信息收集者有市场分析人员、情报专家、统计专家、相关政府部门的工作人员、行业协会等，其手段是通过期刊、报纸、交易资料、汇报材料等，这方面的工作主要是区分不道德的和道德的收集秘密信息的方法和手段。

三、信息安全隐患分析

信息安全隐患分析是供应链节点企业分析自身的信息系统，主要是向外界发散信息的企业各信息节点及其信息通道，从而确定己方信息保护的漏洞。企业信息保护方面存在的漏洞可能使得整个反泄密工作功亏一篑。信息安全隐患分析是从竞争对手的角度提出一个信息搜集策略或方案，通过模拟该方案的执行，找出己方信息保护的漏洞。通过模拟企业信息安全隐患，检查企业信息系统是否有漏洞，哪些地方最容易被打入，哪些信息易被失窃，从而有针对性地改进企业的信息防卫系统。需要指出的是，信息安全隐患分析不仅包括自身的信息系统分析，还应包括与己有业务关联的上下游节点企业的信息安全防护能力的分析，并在必要时给予提醒。

四、信息安全风险评估

信息安全风险评估是在综合分析供应链节点企业秘密信息、信息安全威胁以及信息安全隐患对供应链节点企业的信息安全影响的基础上，确定供应链节点企业的信息安全所面临的风险程度。不同的信息，其重要性不同，受到的威胁大小不同，安全隐患也不一样，这些共同导致了不同信息的安全风险程度的不同，最终决定了供应链节点企业保护这些信息的程度也应该是不同的。信息安全风险评估的关键是把供应链节点企业的信息进行安全性排序，并且明确企业需要重点关注的那部分信息。

第三节　供应链节点企业反竞争情报策略制定系统

反竞争情报策略的制定是供应链节点企业制定破坏竞争对手秘密信息收集效果的具体对策。高质量的反竞争情报策略既要能有效地保护核心信息，也要能降低或误导对手搜集到的信息的价值，使对手无法作出正确的判断，从而达到保护企业竞争力的目的。反竞争情报是相对于竞争情报而言的，因此，反竞争情报对策的制定应该是基于不同的竞争情报途径的。一般来说，企业获得秘密信息的途径包括从企业内部获取、从第三方获取、从公开出版物中获取、通过访问数据库或网站获取以及通过不道德途径获取等五个方面，针对不同的秘密信息获取途径可以制定不同的反竞争情报策略。以下分别就上述秘密信息搜集途径，分析反竞争情报策略的制定系统。

一、针对企业内部泄密的反竞争情报策略制定

企业重大信息多数是从企业内部泄露出去的。企业内部泄密源主要是公司的高级雇员，他们往往能接触机密信息；其次是企业的内部文件资料，包括正在使用的和废弃的文件资料，其中有可能透露关于本企业的一些重大信息；再者是企业中从事关键部门和岗位工作的员工。因此，制定针对企

业内部泄密的反竞争情报策略涉及三个方面，一是针对公司的高级雇员的反泄密策略的制定，涉及建立健全一整套完备的保密制度，依靠制度来增强员工的保密意识、约束员工的行为。企业可通过举办法律讲座、播放宣传警示片、旁听相关案件庭审等形式，警醒涉密人员遵守约定，依法行事，增强工作责任感；二是针对企业的内部文件资料的反泄密策略的制定，涉及妥善保管企业的文件、档案、图纸、光盘、磁盘等内部资料，防止这些资料被竞争对手获取；三是针对从事关键部门和岗位工作的员工的反泄密策略的制定，涉及保密协议的签订、落实核心机密信息的专人负责制、保密宣传教育等。

二、针对第三方渠道泄密的反竞争情报策略制定

第三方渠道是指与企业存在利益关系或业务关系的顾客、供应商、分销商、广告商、新闻媒体、银行、咨询机构、运输部门等，这些机构是重要的秘密信息的泄密源。因此，制定针对第三方渠道泄密的反竞争情报策略涉及面更广，主要体现在与第三方签订保密协议、避免在拓展业务过程中泄漏有价值的信息、对企业敏感的新闻进行严格的审查、对参观访问者进行严格把关和适当的限制等诸多方面。具体就顾客而言，主要介绍其购买商品的基本属性和功能、使用说明及注意事项等；就供应商尤其是合作关系不够紧密的供应商而言，仅涉及供应品的本次交易相关信息，不要涉及供应品的总量、规格、品系、用途等信息；就分销商而言，尤其是代理多个品牌的分销商，一些关键的信息如总产量信息、产品市场分布信息、市场总的占有率信息等要注意保密；就广告商、新闻媒体、银行、咨询机构、运输部门等，在合作中注意区别机密信息和一般信息，谨防机密信息泄露。

三、针对公开出版物泄密的反竞争情报策略制定

公开出版物是秘密信息的又一主要来源。公开出版物包括专业性的和非专业性的两类，如果说非专业性的公开出版物可以为竞争对手提供指导性信息的话，那么专业性的公开出版物则可以为竞争对手提供操作性信息。因此，无论是有关公司的宣传报道还是专业领域的学术研究成果，在其正式

刊出前都要进行严格的审查，确保企业的机密不被泄漏出去。防公开出版物泄密工作重在预防，一方面，要预先梳理公司内部有公开出版需求的人员，做好对他们的保密宣传工作；另一方面，做好公司内部掌握关键机密信息人员的安全教育工作，要求他们在公开出版工作相关的作品时接受信息安全审查，要求他们在业务往来和私人交往中注意提高保密意识。

四、针对信息技术泄密的反竞争情报策略制定

随着信息技术的广泛应用，企业纷纷建立自己的内部数据库并通过互联网发布企业信息，这样就为竞争对手的窃密活动提供了平台。有关企业的产品、服务等的基本信息以及新产品、新技术、新工艺、社会活动等动向信息在网上发布，从而暴露了企业的战略方向。因此，制订针对信息技术泄密的反竞争情报策略涉及规定网上信息发布统一归口管理部门（如企业网宣办）、为数据库设置访问权限、利用网站登录记录收集关注本企业的竞争者、严格审查网上发布的信息以及发布虚假信息迷惑竞争对手等。需要特别指出的是，针对信息技术泄密一个重要环节是要求企业涉密部门的人员不要携带便携式存储设备离开工作场所，不要在公网发表与从事业务相关的信息。

五、针对不道德途径泄密的反竞争情报策略制定

不道德的泄密活动只会给企业、社会、个人等各方面带来不利的影响，并破坏竞争的公平性。不道德途径是指竞争对手采用不道德的方式窃取本企业的秘密信息，如采用偷听、偷拍、偷看方式以及利用高科技手段获得秘密信息；培养或雇佣商业间谍，打入竞争对手内部以获取秘密信息；采用金钱等利诱手段，贿赂、收买企业秘密信息的知情人，从而获取权利人的秘密信息；用业务洽谈、合作开发、学习取经等手段，套取竞争对手的企业秘密信息；扩散、使用以不正当方式获取的秘密信息以及散布虚假信息，以迷惑竞争对手的情报部门，以使企业自身获得利益等等。因此，制订针对不道德途径泄密的反竞争情报策略涉及规范信息从业人员的职业道德、通过道德教

育达到道德控制、管理层对其工作人员的道德引导、建立公平竞争的法律制度、打击信息违规收集利益链、通过公开媒体曝光不道德窃密行为、对泄密内部人采取行业禁入等等。

第四节　供应链节点企业反竞争情报策略实施系统

供应链节点企业反竞争情报策略的制订是成功实施反竞争情报工作的前提,要想维护节点企业的信息安全,取得反竞争情报工作的预期效果,必须保障节点企业反竞争情报策略的顺利实施。供应链节点企业反竞争情报策略的实施涉及监测竞争对手、防御竞争对手和反击竞争对手三个紧密相关的部分。供应链节点企业反竞争情报策略实施系统的应用将根据对手竞争情报的侵害程度不同而采取针对性的措施。

一、监测竞争对手

对竞争对手信息收集活动的监测有助于了解竞争对手针对本企业的窃密活动,破解其窃密活动的目的,及时制订反泄密活动的计划或方案,保护本企业的核心信息,使己方在信息战中处于优势地位。在反竞争情报活动中,对竞争对手的监测渠道包括从部门内部获得竞争对手对己方的信息、从第三方获取竞争对手对己方的信息、从竞争对手信息交流中获取竞争对手对己方的信息、从公开出版物中获取竞争对手对己方的信息以及从 Internet 中获取竞争对手对己方的信息等五个方面。

1. 从内部获得竞争对手对己方的信息

就企业内部而言,竞争对手对己方的信息获取往往通过内部关键部门和重要岗位的人员进行。一是通过人际情报网络获得己方信息,即在与内部关键部门和重要岗位的人员的交往交流中获得己方信息;二是通过内部关键部门和重要岗位的人员在商务活动有意或无意透露的机密信息、在网络通信、学术会议、公开出版物等平台上发布的机密信息而获得己方信息;

三是经由内部关键部门和重要岗位的人员进入企业直接窃取己方信息。

2. 从第三方获取竞争对手对己方的信息

就第三方而言，竞争对手对己方的信息获取往往通过与第三方的业务合作中实现。第三方为了能够拿到竞争对手的业务，可能有意无意中透露其掌握的机密信息。竞争对手也可能进入第三方的数据库、侵入与己方有业务往来人员的个人电脑或通过人际网络等渠道获取己方的机密信息。

3. 从竞争对手信息交流中获取竞争对手对己方的信息

就与竞争对手的信息交流而言，竞争对手对己方的信息获取可以通过竞争对手无意间的信息泄露实现。如在行业协会的交流平台上竞争对手的发言中可能透露出对行业现状的分析、对行业前景的预判，在与竞争对手有关人员的私下交流，以及在与竞争对手的间接交流中如对手在重要行业论坛、学术交流等平台上的交流发言等方面，关注竞争对方可能流露出的有关己方的机密信息。

4. 从公开出版物中获取竞争对手对己方的信息

就公开出版物而言，竞争对手可能在公开出版物中透露其掌握的己方信息。如果竞争对手对自己的员工审查不严的话，可能导致员工在公开出版物上发表其掌握的己方信息，这可能是出于炫耀，也可能是出于无意。一旦在公开出版物上发表隐含有己方机密信息的文章，就需要引起乙方的高度重视，深究泄密事件。

5. 从 Internet 中获取竞争对手对己方的信息

就 Internet 平台而言，竞争对手对己方的信息获取可以通过其在 Internet 上发布的相关信息来佐证。掌握己方机密信息的竞争对手的员工可能出于在 Internet 上发表信息的习惯、可能出于对其工作成就的炫耀，有意或无意地在 Internet 上发表涉己方的机密信息。

二、防御竞争对手

在反竞争情报活动中，构建针对竞争对手窃密活动的防御体系，有助于保护己方的秘密信息。针对竞争对手窃密活动的防御体系涉及以下六个方面:在思想上,加强企业信息保密意识教育,提高全员保密意识。强化员工对企业信息的保密意识对企业信息保密工作具有十分重要的作用。如果员工思想麻痹,保密观念淡薄,未能充分认识到秘密信息实际和潜在的经济价值,则企业的秘密信息就可能泄露;反之,如果对保密工作的复杂性和艰巨性有足够的认识,保持高度的敏锐性和警惕性,牢固树立保守机密的思想,则可以降低企业秘密信息泄露的可能。在制度上,制订各项秘密信息保护制度,以规章制度的形式约束企业内外部人员。企业可以制订的秘密信息保护制度有:建立信息密级制度、信息人员保密制度、技术保密制度、经济保密制度、信息发布保密制度、外部人员保密制度等。在组织上,明确企业主管反竞争情报工作的领导人员、监督人员与执行人员,设立反竞争情报的专门机构,建立企业反竞争情报部门的运作机制等。在技术上,强化保护秘密信息的技术手段,防止竞争对手通过反求工程获取产品中的秘密信息;加强办公自动化系统的保密防范技术,如计算机系统的硬件、软件加密功能,对办公自动化系统实体的安全防护等,提高秘密信息的安全性;建立和完善企业的反竞争情报系统,对反竞争情报工作提供监督和预警。在涉密人员的管理上,建立人才流动泄密的监控机制,防止因人才流动造成的泄密事件的发生;建立科学的反泄密人员的选拔与培训机制,尤其重视人品和团队合作精神在反泄密人员的考核中的作用。在法律上,熟悉并严格执行相关法律,善于利用法律武器保护企业的秘密信息。一些竞争对手为了争取竞争优势会不择手段,利用不正当手段盗取企业的专利信息、商业秘密和侵犯著作权等,企业应充分利用法律武器保护自己,包括注册商标、申请专利保护、诉讼保护等,还可根据相关法律要求不正当竞争者停止侵权行为,并追究其法律责任。

三、反击竞争对手

在反竞争情报活动中,监测和防御竞争对手的窃密活动属消极的反竞争情报战略,为了达到更好的牵制对手的目的,应用积极的竞争情报战略是必要的。为此,企业需要对对手的窃密活动加以诱导,散布虚假信息,以干扰对方的判断,驱使对方作出己方所期望的决策,从而赢得竞争。诱导的方式可以是在己方的网络系统中设置"蜜罐",诱导竞争情报方进入获得虚假信息,也可以通过人际情报网络散布虚假信息,有意让竞争情报方的人际情报人员获得虚假信息。虚假信息是关于企业总体战略、职能战略和业务战略等方面的不准确的信息,具体涉及行业拓展或收缩、研发方向、产品计划、目标市场、财务状况和生产能力等方面的不准确的信息,其目的在于诱导竞争对手作出错误判断,导致竞争对手决策发生错误,从而赢得与对手的竞争。

第五节　供应链节点企业反竞争情报要素控制系统

反竞争情报的实质是对本企业秘密信息的保护,控制竞争对手获得本企业秘密信息的一切途径,这其中对供应链节点企业反竞争情报要素的控制是一个重要方面。供应链节点企业反竞争情报要素的控制主要涉及由对数据的控制、对信息自身的控制、信息过程的控制、对人的控制和信息系统的控制等五个方面组成的一个系统。

一、对数据的控制

对数据的控制主要是指对数据发布权限的控制和对数据发布时间的控制。对数据发布权限的控制是指对企业及其部门在数据发布上作出明确的规定,什么样的数据该由企业发布,什么样的数据可以由部门发布,作出明确的规定。一般而言,个人是没有权限对外发布企业数据的。对数据发布时间的控制主要是根据数据的时效性作出可发布数据的最早时间节点,避免数据过早发布对企业造成信息泄露。

二、对信息自身的控制

对信息自身的控制主要是指对信息内容的控制和对信息载体的控制。

对信息内容的控制体现在对信息进行发布或报道这个环节的控制上，对发布或报道的内容进行筛选和剔除，即哪些信息是可以公开发布的，哪些是不可发布的，从根本上切断竞争对手获得秘密信息的信息源。对信息载体的控制体现在信息流通过程中对各种信息的载体进行保护上，对信息的载体形态如印刷型、缩微型、计算机阅读型和视听资料型等 4 种主要载体的情报源[76]进行保护，防止损坏；同时，对处理这些信息的软硬件设施进行保护，以免信息无法阅读和处理。

三、对信息过程的控制

信息过程的控制是指对信息收集、整理、加工、传递、交流、接收和利用的整个过程进行控制。在信息收集环节，应了解信息是以何种方式传播的，以便高效率地收集信息；在信息整理、加工环节，要能够对数量众多、价值不一的信息进行归类整理，提取有价值的信息；在信息传递环节，要能够弄清信息是通过哪些交流渠道到达目的地的；在信息交流环节，要能够从信息的正式交流和非正式交流中获得信息，尤其要认识到，非正式交流得到的信息往往要比正式交流得到的信息更有价值；在信息的接收、利用环节，通过制定相应的信息保护制度或者规章，设立专门的信息管理控制职位，从制度和管理上加强对信息的接收、利用环节的控制。

四、对人的控制

对于企业来说，大部分信息都是因为人为原因泄露出去的，所以对于人的控制就显得尤为重要。对人的控制不仅包括企业内部员工的控制，还包括对与企业发生业务关系的第三方的控制。对企业内部员工的控制主要体现在加强对他们相关信息知识的培训，增强他们的信息意识和信息能力，同时建立相应的规章制度来规范和保证。对第三方的控制主要体现在使与企业有业务往来的一些单位和企业充分了解为本企业保密的重要性，必要时企业要与他们签订不得泄露企业秘密的具有法律效力的协议或合同，以防止企业秘密信息的泄露。

五、对信息系统的控制

在以人的智能为主导、信息网络为手段的网络环境下，反竞争情报系统的控制主要体现在防止网络泄密上。网络泄密主要有两条途径：一个是计算机网络黑客非法进入企业系统进行非法获取或者进行攻击破坏；另一种是企业内部员工不慎或故意泄密[35]。因此，企业的系统维护人员要多使用网络安全工具，如文件加密、防火墙、入侵检测、防病毒和身份识别工具，对访问的网页和通信的邮件进行过滤，个人计算机不能私自上网，由统一的代理服务器接入因特网，内部计算机不能用软驱、光驱和U盘接口，刻录光盘要登记，个人访问的数据信息要分级权限管理。与此同时，企业要重视员工保密素质的培养，与员工签订保密合同，建立奖惩机制，对掌握并保护重要信息的员工进行必要的奖励，对泄密的员工要给予相应的处罚，从管理上防止泄密事件的发生。

本章小结

本章设计了面向信息源选择的供应链节点企业反竞争情报工作体系，该体系涉及供应链节点企业的信息安全分析系统、反竞争情报策略制定系统、反竞争情报策略实施系统以及反竞争情报要素控制系统等四个子系统。其中，供应链节点企业信息安全分析系统涉及秘密信息确定、信息安全威胁分析、信息安全隐患分析和信息安全风险评估等；反竞争情报策略制定系统包括制订针对企业内部泄密、第三方渠道泄密、公开出版物泄密、信息技术泄密和不道德途径泄密等泄密渠道的应对策略；反竞争情报策略实施系统涉及监测竞争对手、防御竞争对手和反击竞争对手等三方面；反竞争情报要素控制系统涉及对数据、对信息自身、信息过程、人和信息系统等全要素的控制。面向信息源选择的供应链节点企业反竞争情报工作体系设计为供应链系统各节点企业尤其是关键节点企业有效开展反竞争情报工作提供了工作指南。

附件：
大数据时代供应链竞争情报方信息源选择能力研究

调　查　问　卷

保　密　声　明

尊敬的受访者：

您好！首先，非常感谢您接受我们的调查。根据《中华人民共和国统计法》

第三章　第十五条

属于国家秘密的统计资料，必须保密。属于私人、家庭的单项调查资料，非经本人同意，不得泄露。统计机构、统计人员对在统计调查中知悉的统计调查对象的商业秘密，负有保密义务。

第五章　第三十条

统计机构、统计人员违反本法规定，泄露私人、家庭的单项调查资料或者统计调查对象的商业秘密，造成损害的，依法承担民事责任，并对负有直接责任的主管人员和其他直接责任人员依法给予行政处分。

的规定，本人做以下承诺：

1. 您所提供的所有信息将在最严格可靠的基础上进行处理，您的回答

将全部采用编码处理,在任何情况下都不可能根据某个答案辨别回答人的身份;

2. 本调查问卷所得的资料仅供学术研究分析,不会另作其他用途。对您所提供的原始信息,本课题组不会提供给除本课题组成员以外的任何组织或个人;

3. 我们将以十分严肃认真的态度研究分析您所提供的信息资料,充分发挥它的学术价值,以答谢您对我们工作的支持以及对学术研究的贡献。

再次感谢您在百忙之中回复我们的问卷,您对我们研究的支持与帮助一定会成为鞭策我们做好此项研究的动力。

敬祝:事业蒸蒸日上

巢湖学院工商管理学院

朱礼龙　敬上

二〇二〇年十二月二十日

问卷填写说明

尊敬的女士/先生：

您好！

您将要看到的这份调查问卷，是安徽省哲学社会科学规划一般项目(国家社科基金孵化项目)"大数据时代供应链竞争情报方信息源选择研究(AHSKF2018D43)"的组成部分。它由巢湖学院工商管理学院朱礼龙教授组织发起并具体实施，目的在于全面了解大数据时代供应链竞争情报方信息源选择的具体做法以及供应链核心节点企业反竞争情报工作开展情况及取得的成效，研究大数据时代供应链竞争情报方信息源的定位方法及信息源选择能力，构建大数据时代供应链竞争情报方信息源选择的理论体系。研制大数据时代供应链竞争情报方信息源选择的方法体系，设计面向供应链信息源选择的企业反竞争情报方工作体系。为大数据时代供应链竞争情报方信息源选择工作提供理论指导，为供应链系统各节点企业反竞争情报方工作的开展提供依据。

需要指出的是，关于"大数据时代供应链竞争情报方信息源选择研究"的研究，迄今为止未见理论层面的探讨，您将要参与的这项调查，是国内在这一研究领域中的首次大规模问卷调查，因此我们有理由相信，您的帮助将会对这一研究的深入开展起到极为重要的推动作用。

正如我们在保密声明中所说，您对本问卷的所有回答都将被严格保密，分析的结果将是结论性质的报告，不会泄漏任何人的个人回答。本次调查的结果不会被用于任何形式的企业表现评价，因此请您放心回答。

您在填写问卷前，请阅读以下注意事项：

1. 对于经历过大数据时代供应链信息源选择的竞争情报方及供应链系统来说，其信息源选择方式及反制措施不尽相同。您只需要根据您的工作经历如实填写即可；我们并不是在测试您的智力或者能力，所有的问题均没有标准答案,我们所要了解的只是您的经历、观点以及对某一问题的认同程度。

2. 请您在备选答案中,找出最符合您真实想法(情况)的答案,并在相应的答案中打“√”。个别问题需要您填写具体的数字。

3. 由于调查分析的需要,我们真诚地希望您能够如实填写所有的问题,包括问卷后面部分的个人资料。当然,对于这部分的某些项目,如果您非常不愿意填写,也可以不填写。

4. 在填写问卷的过程中如果有任何疑问,您可以按以下联系方式与我们取得联系:

TEL:18726380946

E—mail:zhulilong981@126.com

5. 如果您需要与本调查问卷相关的研究成果摘要,请您提供联系方式,我们将在课题完成后的第一时间里,将研究成果摘要提供给您。

我需要此研究成果摘要,请寄送至下述地址:

邮政编码:____________

地址:________________________________

收信人:________先生________女士

联系方式:________________________(手机、电话等,可选)

第一部分：针对下面的若干问题，请您根据自己的实际情况或者自己的真实想法在相应的答案上打"√"。数字所代表的意义是：

① 我完全不同意这种说法（我的实际情况，从来都不是这样）

② 我基本上不同意这种说法（我的实际情况，少数是这样）

③ 对这种说法，我态度中立（我的实际情况，有时候是这样的，有时候不是这样）

④ 我基本上同意这种说法（我的实际情况，大部分都是这样的）

⑤ 我完全同意这种说法（我的实际情况，总是这样的）

● 需要保护的信息源	
■ 企业内部信息（员工方面）	
企业员工在接受访谈中可能无意中泄露重要信息	①（ ）②（ ）③（ ）④（ ）⑤（ ）
企业员工在参加行业或专业会议中可能无意中泄露重要信息	①（ ）②（ ）③（ ）④（ ）⑤（ ）
企业员工在发表论文（或作品）中可能无意中泄露重要信息	①（ ）②（ ）③（ ）④（ ）⑤（ ）
企业员工在撰写博客中可能无意中泄露重要信息	①（ ）②（ ）③（ ）④（ ）⑤（ ）
企业员工在其他正常社交活动中可能无意中泄露重要信息	①（ ）②（ ）③（ ）④（ ）⑤（ ）
企业员工被竞争对手收买而恶意泄露本企业的核心机密	①（ ）②（ ）③（ ）④（ ）⑤（ ）
■ 企业内部信息（企业方面）	
企业在新产品展示会中可能无意中泄露重要信息	①（ ）②（ ）③（ ）④（ ）⑤（ ）
企业在记者招待会中可能无意中泄露重要信息	①（ ）②（ ）③（ ）④（ ）⑤（ ）
企业在订货会、交易会中可能无意中泄露重要信息	①（ ）②（ ）③（ ）④（ ）⑤（ ）
企业在求职广告中可能无意中泄露重要信息	①（ ）②（ ）③（ ）④（ ）⑤（ ）
企业内部各部门在对口交流时可能无意中泄露重要信息	①（ ）②（ ）③（ ）④（ ）⑤（ ）
企业在建立门户网站中可能无意中泄露重要信息	①（ ）②（ ）③（ ）④（ ）⑤（ ）

（续表）

■ 企业合作方信息	
有关企业合作方工艺流程、技术秘诀的信息	①（ ）②（ ）③（ ）④（ ）⑤（ ）
有关企业合作方核心竞争力的信息	①（ ）②（ ）③（ ）④（ ）⑤（ ）
有关企业合作方生产目标、市场目标的信息	①（ ）②（ ）③（ ）④（ ）⑤（ ）
有关企业合作方生产计划的信息	①（ ）②（ ）③（ ）④（ ）⑤（ ）
有关企业合作方战略取向的信息	①（ ）②（ ）③（ ）④（ ）⑤（ ）
有关企业合作方产品（或服务）在本企业所占份额的信息	①（ ）②（ ）③（ ）④（ ）⑤（ ）
■ 企业第三方	
竞争对手有可能从本企业洽谈生意、技术合作、来料加工等活动中，从本企业的客户、合作伙伴、供应商等途径获取信息	①（ ）②（ ）③（ ）④（ ）⑤（ ）
一些社会媒体如电视、广播、书报、杂志等也是竞争对手收集竞争情报的途径	①（ ）②（ ）③（ ）④（ ）⑤（ ）
竞争对手有可能从行业组织的情报资料、网上栏目及各种数据库、行业协会出版物等收集竞争情报	①（ ）②（ ）③（ ）④（ ）⑤（ ）
竞争对手有可能从企业聘请的咨询公司处获取企业的敏感情报	①（ ）②（ ）③（ ）④（ ）⑤（ ）
政府相关机构也是竞争对手收集竞争情报的途径	①（ ）②（ ）③（ ）④（ ）⑤（ ）
● 竞争情报方信息源选择能力体系	
■ 高质量信息源的访问能力	
具有可靠性、相关性、时效性的高质量信息源的确定	①（ ）②（ ）③（ ）④（ ）⑤（ ）
克服高质量信息源访问的障碍	①（ ）②（ ）③（ ）④（ ）⑤（ ）
访问高质量信息源的应对措施得当	①（ ）②（ ）③（ ）④（ ）⑤（ ）
■ 信息价值的识别能力	
信息价值识别基础能力	①（ ）②（ ）③（ ）④（ ）⑤（ ）
信息价值识别过程能力	①（ ）②（ ）③（ ）④（ ）⑤（ ）
信息价值识别保护能力	①（ ）②（ ）③（ ）④（ ）⑤（ ）

（续表）

■ **任务的完成能力**	
明确所要完成的任务	①(　)②(　)③(　)④(　)⑤(　)
任务类型的匹配	①(　)②(　)③(　)④(　)⑤(　)
任务特征的判断	①(　)②(　)③(　)④(　)⑤(　)
■ **环境影响的处置能力**	
环境影响竞争情报方的信息需求	①(　)②(　)③(　)④(　)⑤(　)
环境影响竞争情报方的选择偏好	①(　)②(　)③(　)④(　)⑤(　)
环境影响竞争情报方的选择行为	①(　)②(　)③(　)④(　)⑤(　)
● **反竞争情报工作程序**	
■ **信息安全控制分析工作**	
确定对企业自身或竞争对手具有重要影响且不为其他企业所知悉的秘密信息	①(　)②(　)③(　)④(　)⑤(　)
确定对企业秘密信息造成威胁的来源以及获悉威胁源收集情报的方法和手段	①(　)②(　)③(　)④(　)⑤(　)
确定己方信息保护的漏洞	①(　)②(　)③(　)④(　)⑤(　)
确定企业的信息安全所面临的风险程度	①(　)②(　)③(　)④(　)⑤(　)
■ **反竞争情报策略的制定工作**	
建立健全一整套完备的保密制度，依靠制度来增强员工的保密意识、约束员工的行为	①(　)②(　)③(　)④(　)⑤(　)
妥善保管企业的文件、档案、图纸、光盘、磁盘等内部资料，防止其被竞争对手获取	①(　)②(　)③(　)④(　)⑤(　)
加强对第三方情报泄密渠道的管理	①(　)②(　)③(　)④(　)⑤(　)
加强对有关公司的宣传报道还是专业领域的学术研究成果的出版审查	①(　)②(　)③(　)④(　)⑤(　)
为企业内部数据库设置访问权限	①(　)②(　)③(　)④(　)⑤(　)
加强对互联网发布企业信息的管理	①(　)②(　)③(　)④(　)⑤(　)
发布虚假信息迷惑竞争对手	①(　)②(　)③(　)④(　)⑤(　)
规范竞争情报从业人员的职业道德	①(　)②(　)③(　)④(　)⑤(　)
建立公平竞争的法律制度	①(　)②(　)③(　)④(　)⑤(　)

（续表）

■ **反竞争情报策略的实施工作**	
加强对竞争对手情报活动的监测，破解其情报活动	①（ ）②（ ）③（ ）④（ ）⑤（ ）
从思想、制度、组织、技术、法律等方面全面防御竞争对手的情报活动	①（ ）②（ ）③（ ）④（ ）⑤（ ）
对对手的竞争情报活动加以诱导，散布虚假信息，以干扰对方的判断	①（ ）②（ ）③（ ）④（ ）⑤（ ）
■ **反竞争情报要素的控制工作**	
对情报内容和情报载体的控制	①（ ）②（ ）③（ ）④（ ）⑤（ ）
对情报收集、整理、加工、传递、交流和利用的整个过程控制	①（ ）②（ ）③（ ）④（ ）⑤（ ）
对内部员工的控制	①（ ）②（ ）③（ ）④（ ）⑤（ ）
对与企业发生业务关系的第三方的控制	①（ ）②（ ）③（ ）④（ ）⑤（ ）
对情报系统主要是网络泄密的控制	①（ ）②（ ）③（ ）④（ ）⑤（ ）

个人信息资料

再次声明：以下是个人相关资料，请您在选项前符合您情况的"□"内打"√"，并在"(　)"中填写相应数字。本研究绝对不会根据个人资料对受访者的身份进行推测，所有的资料都仅仅作为学术研究之用。

性别：□女　　□男

年龄：(　　)周岁

受教育程度：□高中及以下　□中专　□大专或同等学力

□大学本科或同等学力　□研究生及研究生以上

获得最后学历至今有：(　　)年

本行业从业年限：(　　)年

在本企业从业年限：(　　)年

担任现职务：(　　)年

所属部门：□反竞争情报　□竞争情报　□生产制造　□设计研发

□技术支持　□财务管理　□销售管理　□人事管理

□信息管理　□其他　请注明

(如果具有多重身份，请填写最主要工作所对应的部门)

职称：□技术员　□助理工程师或相当　□工程师或相当

□高级工程师或副高　□正高及以上

获得现在职称至今有：(　　)年

职务：□一般员工　□项目组长　□部门主管

□公司信息或情报总监　□其他,请说明

(如果具备多重身份,请填写最高级别)

担任现职位:(　　)年

在现在企业中的工资水平(折合人民币):年薪(　　)万元(含年终奖金、股票分红等)

参考文献

[1] Ashford, S. J. Feedback-seeking in individual adaptation: A resource perspective. Academy of Management Journal, 1986, 29: 465 - 487.

[2] Baccara M. Outsourcing, information leakage and consulting firms [J]. RAND Journal of Economics. 2007, 1: 269 - 289.

[3] Blandin, J. S. , Brown, W. B. Uncertainty and management's search for information[C]. IEEE Transactions on Engineering Management, 1977 (EM - 24): 114 - 119.

[4] Blazquez D, Domenech J. Big Data Sources and Methods for Social and Economic Analyses [J]. Technological Forecasting and Social Change, 2018, 130: 99 - 113.

[5] Bojan Srdjevic. Combining different prioritization methods in the analytic hierarchy process synthesis[J]. Journal of Computers & Operations Research, 2005, 32(7): 1897 - 1919.

[6] Byström K, Järvelin K. Task complexity affects information seeking and use [J]. Information Processing and Management, 1995, 31(2): 191 - 213.

[7] Christensen E W, Bailey J R. A source accessibility effect on media selection [J]. Management Communication Quarterly, 1997, 10(3): 373 - 387.

[8] Christian Kuhnert, Dirk Helbing, Geoffrey B. West. Scaling laws in

urban supply networks[J]. Physica A,2006,363:96 - 103.

[9] Comin C H,Costa L F. Identification of starting points in sampling of complex networks[J]. Phys Rev E,2011,84(5):056105.

[10] Culnan M J. Environmental scanning: the effects of task complexity and source accessibility on information gathering behavior [J]. Decision Sciences,1983,14(2):194 - 206.

[11] David M. Kreps, Robert Wilson. Reputation and Imperfect Information [J]. Journal of Economic Theory,1982(27):253 - 279.

[12] Fatma Zohra Lebib, Habiba Drias, Hakima Mellah. World Conference on Information Systems and Technologies [C]. WorldCIST 2017:Recent Advances in Information Systems and Technologies p. 2017.

[13] Geana M V, Kimminau K S, Greiner K A. Sources of health information in a multiethnic,underserved,urban community:does ethnicity matter? [J]. Journal of Health Communication,2011,16(6):583 - 594.

[14] Gerstenfeld A,Berger P. An analysis of utilization differences for scientific and technical information[J]. Management Science,1980,26(2): 165 - 179.

[15] Gerstberger P G, Allen T J. Criteria used by research and development engineers in the selection of an information source[J]. Journal of Applied Psychology,1968,52(4):272 - 279.

[16] Ingwersen P, Järvelin K. The turn: integration of information seeking and retrieval in context[M]. Dordrecht:Springer. 2005:386.

[17] Kankanhalli A,Tan C Y,Kwok - Kee W. Understanding seeking from electronic knowledge repositories: an empirical study[J]. Journal of the American Society for Information Science and Technology, 2005, 56 (11):1156 - 1166.

[18] Kim K S,Sin S C J. Selecting quality sources: bridging the gap between the perception and use of information sources[J]. Journal of

Information Science,2011,37(2):178－188.

[19] L. C. Leung and D. Cao. On consistency and ranking of alternatives in fuzzy AHP[J]. Journal of European Journal of Operational Research,2000,124(1):102－113.

[20] Morrison E W. Newcomer information seeking: exploring types, modes, sources and outcome[J]. Academy of Management Review,1993,36(3):557－589.

[21] Nahapiet J, Ghoshal S. Social capital, intellectual capital and the organizational advantage[J]. Academy of Management Review, 1998, 23(2):242－266.

[22] Naresh Kumar Agarwal, Yunjie(Calvin) Xu, Danny C. C. Poo. A context-based investigation into source use by information seekers[J]. Journal of the American Society for Information Science and Technology, 2011,62(6):1087－1104.

[23] O'Reilly C A. Variations in decision makers' use of information sources: the impact of quality and accessibility of information[J]. The Academy of Management Journal,1982,25(4):756－771.

[24] Peter Finch. Supply chain risk management[J], Supply Chain Management: An International Journal, Volume: 9 Issue: 2, 2004, 183－196.

[25] Pinelli T E, Bishop A P, Barclay R O. The information-seeking behavior of engineers[M]//Kent A, Hall C M. Encyclopedia of Library and Information Science: 52. New York: Marcel Dekker, 1993: 167－201.

[26] Pinto P C, Thiran P, Vetterli M. Locating the source of diffusion in large-scale networks[J]. Physical Review Letters, 2012, 109(6): 068702.

[27] Prakash B A, Vreeken J, Faloutsos C. Spotting culprits in epidemics: How many and which ones? [C]//ICDM. [S. l.]: IEEE, 2012, 12: 11－20.

[28] Ramesh Kolluru, Paul H. Meredith. Security and trust management in supply chains[J], Information Management & Computer

Security, Volume: 9 Issue: 2001, 5: 233 - 236.

[29] Reddick C G, Turner M. Channel choice and public service delivery in Canada: comparing e-government to traditional service delivery [J]. Government Information Quarterly, 2012, 29(1): 1 - 11.

[30] Robson A, Robinson L. Building on models of information behaviour: linking information seeking and communication [J]. Journal of Documentation, 2013, 69(2): 169 - 193.

[31] Saracevic T. Information Science: integration in perspective [M]// Ingwersen P, Pors N O. Relevance reconsidered. Copenhagen, Denmark: Royal School of Library and Information Science, 1996: 201 - 218.

[32] Savolainen R. Expectancy-value beliefs and information needs as motivators for task-based information seeking [J]. Journal of Documentation, 2012, 68(4): 492 - 511.

[33] Sindhuja P N, Anand S. Kunnathur. Information security in supply chains: a management control perspective [J]. Information and Computer Security, 2015, 23(5): 476 - 496.

[34] Su C, Contractor N. A multidimensional network approach to studying team members' information seeking from human and digital knowledge sources in consulting firms [J]. Journal of the American Society for Information Science and Technology, 2011, 62(7): 1257 - 1275.

[35] Tridib B V, Raghunathan S. Information Security in Networked Supply Chains: Impact of Network Vulnerability and Supply Chain Integration on Incentives to Invest [J]. Information Technology Management, 2010(11): 7 - 23.

[36] Tushman, M. L. Technical communication in R&D laboratories: the impact of project work characteristics [J]. Academy of Management Journal, 1978(21): 624 - 645.

[37] Vakkari, P. & Kuokkanen. Theory growth in information science:

applications of the theory of science to a theory of information seeking [J]. Journal of Documentation, 1997, 53(4): 497 - 519.

[38] Wang Junhua, Zuo Wanli, Peng Tao. Hyponymy graph model for word semantic similarity measurement[J]. Chinese Journal of Electronics, 2015, 24(1): 31 - 33.

[39] Weiland D. Big Data as an Information Source in the Decision Making-processes of the E-commerce Companies[J]. Transport Economics and Logistics, 2017, 71: 179 - 190.

[40] Zachary Williams, Jason E. Lueg, Ronald D. Taylor, Robert L. Cook. Why all the changes?: An institutional theory approach to exploring the drivers of supply chain security (SCS) [J], International Journal of Physical Distribution & Logistics Management, 2009, 39(7): 595 - 618.

[41] Zimmer J C, Henry R M. The role of social capital in selecting interpersonal information sources[J]. Journal of the American Society for Information Science and Technology, 2015, 68(1): 5 - 21.

[42] Zimmer J C, Henry R M, Butler B S. Determinants of the use of relational and non-relational information sources [J]. Journal of Management Information Systems, 2008, 24(3): 297 - 331.

[43] Zhu K, Ying L. Information source detection in the SIR model: a sample path based approach[J]. IEEE/ACM Transactions on Networking, 2013, 24(1): 408 - 421.

[44] 邓厚平,武刚．基于爬虫和网站分类的主题信息源发现方法[J]. 计算机工程与应用,2016,52(3):59 - 65.

[45] 董绍辉,西宝,田丽娜．供应链信息共享中信息泄露的产生机理及防范措施研究[J]. 软科学,2009,(5):56 - 59.

[46] 范进．熵理论在信息源选择和信息识别中的应用——以质量原因识别为例,为管理决策提供了一种一般的方法[J]. 华东经济管理,2006,20(7):57 - 61.

[47] 范敏,邓小昭. 网络环境下消费者信息查寻行为研究[J]. 现代情报,2011,31(12):37-40.

[48] 甘利人,岑咏华,李恒. 基于三阶段过程的信息搜索影响因素分析[J]. 图书情报工作,2007,51(2):59-62.

[49] 蒋宗礼,徐学可,李帅. 一种基于超链接引导的主题搜索的主题敏感爬行方法[J]. 计算机应用,2008,28(4):942-944,950.

[50] 蒋鲁宁. 信息安全供应链的安全[J]. 中国信息安全,2014,(3):111.

[51] 李剑锋,钮亮,段林茂,魏军. 供应链信息安全现状及体系框架研究[J]. 江苏商论,2013(3)36-38.

[52] 李洁娜,徐健,李萱杰,郭诗琪,陈铱晗. 网络用户评论信息源选择方法研究[J]. 情报理论与实践,2013,36(7):94-99.

[53] 李天阳,王新. 基于专家主页的信息源获取策略研究[J]. 情报理论与实践,2015,38(11):115-119.

[54] 李心丹,等. 中国证券投资者行为研究[R]. 上证联合研究计划第3期报告,2002.

[55] 李心路. 中国股市个体投资者行为实证研究[M]. 北京:经济科学出版社,2008.

[56] 李月琳,胡玲玲. 投资者信息行为分析:信息源的选择与利用研究[J]. 图书资料工作,2012(4):90-97.

[57] 李月琳,闫希敏. 大学毕业生就业信息搜寻行为研究:信息源的选择与利用[J]. 图书情报知识,2015(5):57-65.

[58] 刘丹. 供应链管理信息系统安全探讨[J]. 情报探索,2009,143(9):75-78.

[59] 刘茜等. 面向大规模信息可视化分析的空间优化交互方法[J]. 系统工程理论与实践,2015,35(10):2544-2549.

[60] 刘少俊,方延风. 基于主题模型的网络信息源可视化分析研究[J]. 图书情报导刊,2019,4(3):32-39.

[61] 倪金松. 贺兆辉企业竞争情报系统中的跨界合作[J]. 现代图书情

报技术,2016(9):18-22,88.

[62] 欧阳柳波,杨柱,易显. 基于 DIV 标签树的网页主题信息抽取方法[J]. 计算机系统应用,2010,19(7):193-196,139.

[63] 齐源. 基于第三方及 GAHP 的供应链信息共享风险预警[J]. 软科学,2010(5):64-68.

[64] 宋梅青. 大数据环境下用户兴趣的信息挖掘流程重构[J]. 图书馆学研究,2016(23):47-52.

[65] 宋士杰,赵宇翔,宋小康,朱庆华. 信息源对数字原住民健康信息可信度判断的启发式实验研究[J]. 情报学报,2020,39(4):399-408.

[66] 宋筱璇,刘畅. 学习型搜索中用户信息源选择和使用策略研究[J]. 情报学报,2019,38(6):655-666.

[67] 宋伟,刘卫宁,孙棣华. 供应链协同系统的安全体系的设计与实现[J]. 计算机集成制造系统,2006,12(2):292-296.

[68] 搜狐记者. 普华永道发布全球信息安全状况调查:客户数据泄露,财务损失和商业邮件入侵影响排前三[EB/OL],http://www.sohu.com/a/209177147_485557,2017-12-08.

[69] 王婕. 信息源特性对品牌传播有效性的影响机理及营销启示,现代商业,2012(30):88-89.

[70] 王吉林等. 分布式 Web 主题信息抽取的框架探析[J]. 情报理论与实践,2014,37(12):117-122.

[71] 王芳,宋朋. 我国农民工网站运营机制研究[J]. 中国软科学,2015(4):38-48.

[72] 王芳,张鑫,翟羽佳. 国内外信息源选择研究述评及一个整合的理论模型[J]. 中国图书馆学报,2017,43(3):96-116.

[73] 王美虹,黄梦醒,杨雄. 一种基于 AHP-未确知模糊理论的云计算环境下供应链信息协同风险评估[J]. 湖南大学学报自然科学版,2015,33(1):17-23.

[74] 徐杨,王未央. 主题爬虫的主题相关度算法研究[J]. 现代计算机,

2016(05 中):48－50,63.

[75] 许焱,金芝,李戈,魏强. 基于多 Web 信息源的主题概念网络获取[J]. 计算机研究与发展,2013,50(9):1843－1854.

[76] 于鲲鹏等. 基于加权改进节点收缩法的供应链网络脆弱性分析[J]. 计算机集成制造系统,2014,20(4):963－970.

[77] 于良芝."个人信息世界"——一个信息不平等概念的发现及阐释[J]. 中国图书馆学报,2013,39(1):4－12.

[78] 查先进. 供应链背景下的竞争情报研究[C]. 全国图书馆企业信息服务年会,江苏,2007.

[79] 张聿博,张锡哲,张斌. 基于观察点的信息源定位方法的准确率分析[J]. 东北大学学报,2015,36(3):350－353.

[80] 张聿博,张锡哲,张斌. 面向社交网络信息源定位的观察点部署方法[J]. 软件学报,2014,25(12):2837－2851.

[81] 张聿博,张锡哲,徐超. 基于部分路径的社交网络信息源定位方法[J]. 电子科技大学学报,2017,46(1):75－80.

[82] 张鑫,王丹. 基于扎根理论的个体医疗健康信息源选择行为影响因素研究[J]. 图书情报工作,2018,68(14):5－13.

[83] 朱红灿,龙朝阳. 基于熵的新闻网页抽取方法的研究[J]. 现代图书情报技术,2007(4):48－51.

[84] 朱礼龙. 基于信息安全的供应链系统反竞争情报策略体系研究[J]. 现代情报,2018,38(2):18－23.

[85] 朱礼龙,周德群. 网络组织的信息共享能力及其评价研究[J]. 情报学报,2008(5):706－713.

[86] 朱宁,陈红勤,聂应高. 网络信息有效获取与可信度的案例分析[J]. 图书馆学研究,2009(11):55－57,19.

[87] 朱文韬,栾敬东. 大数据时代竞争情报方的供应链信息源选择方法研究[J/OL]. 情报理论与实践. https://kns.cnki.net/kcms/detail/11.1762.G3.20220308.0903.002.html.

图书在版编目(CIP)数据

大数据时代供应链竞争情报方信息源选择研究/朱礼龙著．—合肥：合肥工业大学出版社，2022.11

ISBN 978-7-5650-5721-2

Ⅰ.①大…　Ⅱ.①朱…　Ⅲ.①供应链管理—竞争情报—信息管理—研究　Ⅳ.①F252.1②G203

中国版本图书馆 CIP 数据核字(2022)第 221194 号

大数据时代供应链竞争情报方信息源选择研究

朱礼龙　著　　　　责任编辑　马成勋

出　版	合肥工业大学出版社	版　次	2022 年 11 月第 1 版
地　址	合肥市屯溪路 193 号	印　次	2022 年 11 月第 1 次印刷
邮　编	230009	开　本	710 毫米×1010 毫米　1/16
电　话	理工图书出版中心：15555129192	印　张	13
	营销与储运管理中心：0551-62903198	字　数	188 千字
网　址	www.hfutpress.com.cn	印　刷	安徽联众印刷有限公司
E-mail	hfutpress@163.com	发　行	全国新华书店

ISBN 978-7-5650-5721-2　　　　定价：35.00 元